파이디온 어린이 성경공부 교재 *2학기용*

예수마당 성경공부 Ⅱ

초등 3부 5·6학년

교사용

Contents

예수마당 성경공부II 초등 3부

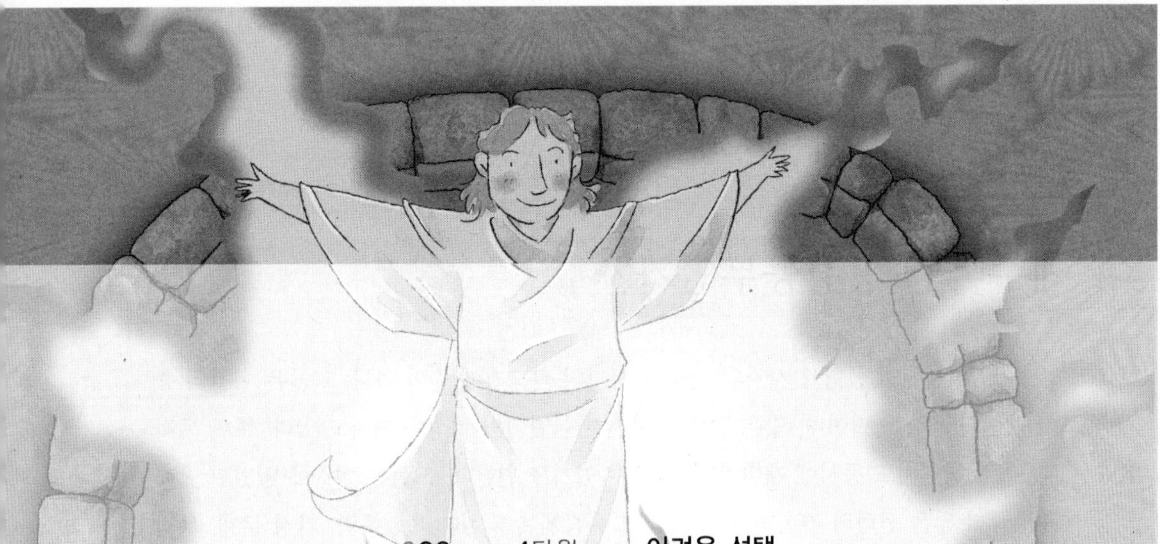

왜 예수마당 성경공부인가?

5·6학년 어린이들은 초등학교 시기와 청소년 시기의 과도기에 놓여 있다. 그들은 이전의 중학생들보다는 좀더 조숙한 편이나, 많은 면에서 여전히 어린이의 특성을 지니고 있다. 또한 목적이 있는 배움을 원하면서도 동시에 재미있게 배울 수 있기를 원한다. 그들은 이전에 없었던 압력을 경험하며, 좀더 많은 선택의 기회와 책임 그리고 유혹에 부딪힌다. 성, 폭력, 가정 문제, 우정과 같은 주제들은 이 연령의 어린이들이 접하는 문제들이다.

그러므로 사춘기 직전의 어린이들은 재미있으면서도 다양한 교육 과정을 필요로 한다. 이런 필요에 맞추어 예수마당 성경공부가 개발되었다. 각 단원은 재미있으면서도 어린이들에게 잠재되어 있는 높은 수준의 사고를 충족시킬 수 있는 세련된 활동들로 구성되어 있다. 어린이들은 각 단원을 마치면서 '무엇'을 학습하는가를 넘어서 '왜' 학습하는가를 배우게 될 것이다.

새로운 학습 접근법

사람들은 중요한 삶의 교훈들을 어떻게 배우게 될까? 책을 통하거나 아니면 다른 사람의 이야기를 통해서 등 여러 가지 방법이 있지만, 대부분은 경험을 통해서 직접 배운다.

예수님이 사람들을 가르치셨을 때, 그분은 학습 과정에 사람들을 능동적으로 참여시키셨다. 제자들은 예수님이 떡 다섯 개와 물고기 두 마리로 5천 명을 먹이시고 그 남은 것들을 거둬들이신 놀라운 사건을 경험함으로 큰 교훈을 얻은 것이다. 이처럼 활동 학습은 2천 년 전 훌륭한 교사이셨던 예수님에 의해 사용되었다.

활동 학습은 한마디로 '행함으로써 배운다'는 것이다. 다음은 활동 학습을 진행할 때 교사로서 알아두어야 할 어린이들의 기본적인 학습 욕구들이다.

1. 어린이들은 행위를 필요로 한다.

비행기 조종사들은 수동적 학습과 능동적 학습의 차이를 잘 알고 있다. 그들에게 수동적 학습이란 교관으로부터 강의를 듣고 비행 훈련에 관한 책을 읽는 것이다. 반면 능동적 학습, 곧 활동 학습은 실제로 비행기나 비행 모의 조종 장치를 타고 비행하는 것이다. 책이나 강의도 도움이 되지만 정작 조종사들이 비행을 배우게 되는 때는 비행기를 직접 조종할 때다.

같은 방법으로, 예수님은 제자들에게 그들이 배우기 원하는 것들을 가르치고 시범을 보이면서 훈련시키셨다. 그러나 그들이 실제로 학습을 경험하게 된 때는 예수님이 72명의 제자들을 보내 실제적인 경험을 통해 배우게 하셨을 때였다(눅 10장).

우리도 역시 어린이들이 활동 학습을 통해 스스로 배우도록 도울 수 있다. 어린이들은 교사로부터 듣기만 하는 수동적인 학습을 받았을지라도, 모의 상황과 실제 삶의 경험을 통해 보다 더 하나님 말씀에 대한 이해와 적용을 깊게 하게 될 것이다.

활동 학습의 형태로는 시뮬레이션 게임, 역할 놀이, 섬김 활동, 실험, 무언극, 구성 프로젝트, 목적이 있는 게임, 현장 견학 그리고 활동 학습의 가장 강력한 형태인 실제 삶의 경험들을 들 수 있다.

다음은 활동 학습에 대한 보다 자세한 설명들이다.

활동 학습은 모험이다.

수동적인 학습은 수업의 내용과 결과를 예상할 수 있다. 어린이들은 교사나 강사가 계획된 강의를 하는 동안 수동적으로 앉아서 일방적으로 듣기 때문이다.

반면, 활동 학습은 어린이들로 하여금 교사가 계획하지 않았던 내용들까지 배우게 할 것이다. 어린이들은 학습 경험을 함께하면서 예상하지 못했던 것들을 발견할 것이다. 그리고 교사들도 어린이들과 함께 새로운 배움을 경험할 것이다.

활동 학습은 재미있다.

"좋아, 재미있는 게임은 끝났어. 이제 하나님에 관해 이야기할 시간이야"라고 말한다면, 이 말 속에는 어떤 뜻이 담겨 있을까? 혹, 하나님과 즐거움은 연관이 없다는 의미로 전달되지는 않을까? 그렇다면 학습도 즐거움과는 별개의 것이라는 의미인가? 그러나 활동 학습이란 결코 재미없는 것이 아니다. "우리는 빛이 차단된 어두운 방에 들어가 양초에 불을 밝히고서, 예수님은 빛이시며 어떤 어둠도 그 빛을 차단시킬 수 없다는 것을 배웠어요." 이렇게 재미있고 인상적인 주일학교 수업이 바로 활동 학습이다.

활동 학습은 참여자 모두가 배우게 한다.

이것이 바로 수동적 학습과 활동 학습의 분명한 차이이다. 이것은 마치 텔레비전으로 축구를 보는 것과 실제로 그 경기에 참여하는 것의 차이와 같다.

반의 일부 어린이들이 눈을 가리고 소경의 역할을 맡고, 다른 어린이들은 안내자가 된다. 소경이 된 어린이들은 안내자만을 의지한다. 안내자들은 소경이 된 어린이들이 넘어지거나 다치지 않도록 보호해야 한다. 이 학습은 참여한 어린이 모두가 신뢰, 믿음, 의심, 두려움, 확신 그리고 섬김의 가치들을 배우게 한다. 이처럼 활동 학습은 모든 어린이들을 수용할 수 있다.

활동 학습은 결과에도 초점을 둔다.

단순히 활동으로 끝나는 활동은 좋은 학습이라고 할 수 없다. 결과를 보고하고, 둘씩 짝으로 혹은 소그룹으로 토의함으로써 어린이들 스스로가 경험을 평가해 활동의 의미를 정리하는 것이 활동 학습의 보다 값진 유익이라고 할 수 있다. 또한 결과를 보고하는 정리 과정에서 어린이들은 정보를 분류하고 정리하는 방법을 배우게 된다.

결과를 보고하는 과정은 활동이 끝난 후에 바로 시작되어야 한다. 일반적으로 결과를 보고하는 과정은 반영, 해석, 적용의 세 단계를 거친다.

반영 – 첫 번째 단계는 어린이들에게 "너는 어떻게 느꼈니?"라고 묻는다. 활동 학습은 어린이들에게 감정적 반응을 일으키는데, 따라서 그 반응선상에서 결과를 보고하게 하는 것이 적절하다. 결과를 보고할 때, 어린이들의 느낌을 알아내기 위해서 구체적인 답변을 요하는 질문을 사용해야 한다. '네' 혹은 '아니요'라고 답할 수 있는 질문들은 피하도록 한다. 질문할 때, 어린이들에게 정답이 없다는 것을 미리 알려준다.

해석 – 다음 단계는 "이 활동이 너에게는 어떤 의미가 있었니? 이 경험이 네 생활의 어떤 면과 비슷하니?" 하고 묻는 것이다. 이러한 질문은 경험으로부터 얻은 메시지나 원리들을 확인하기 위해 묻는 것이다. 어린이들 스스로 메시지를 발견하도록 돕기 위해서다. 답을 말하는 대신, 그것을 발견할 수 있도록 여러 방면의 질문을 한다. 그리고 어린이들끼리 활동의 의미에 대해 서로 토의할 수 있는 시간을 준다.

적용 – 마지막 결과를 보고하는 단계에서는 "너는 깨달은 것을 어떻게 활용할 계획이니?"라고 묻는다. 학습에서 행위로 넘어간 어린이들은 경험 학습을 통해 새로운 교훈과 원리를 발견했다. 이제 그들이 발견한 새로운 교훈과 원리를 생활에 적용해야 한다. 이 적용 단계는 결단을 필요로 한다. 어린이들에게 이 학습을 통해서 그들이 어떻게 변화하고 무엇을 실천해야 하는지 질문하며 스스로 말할 수 있게 한다.

2. 어린이들은 생각하는 것을 필요로 한다.

예수님이 제자들의 발을 씻기신 후에, "내가 너희에게 행한 것을 너희가 아느냐?" 라고 물으셨다. 예수님은 제자들에게 섬김에 대하여 생각하도록 도전하신 것이다.

오늘날 우리의 어린이들은 생각하지 않도록 훈련받아왔다. 우리의 교육은 어린이들에게 교사가 원하는 정답만을 말하도록 훈련시켜왔던 것이다. 기독교 교육 역시 어린이들에게 단어 맞추기나 빠진 글자 찾기, 퍼즐이 있는 가로넣기 식의 교재를 주었다. 그리고 "삭개오가 올라간 나무 이름은 무엇이지?" 와 같은 막힌 질문들을 함으로써 생각하지 않는 어린이들로 키웠다.

어린이들이 생각하도록 돕기 위해서는 가르치는 관점과 방법을 바꿔야 한다. 어린이들이 더 높은 수준의 사고를 할 수 있도록 계획하고 그들을 격려하며 이끌어야 한다. 이 활동 중심의 예수마당 성경공부는 이를 위해 고안되었다.

생각하는 학급은 기존의 학급과는 매우 다를 것이다. 대부분의 교회 학교에서 교사들은 말을 많이 하며 어떻게든 성경 지식이 어린이들의 머리에 심겨지기를 바란다. 그러나 생각하는 학급의 교사들은 많은 말 대신 어린이들이 생각하고, 호기심을 키우며, 상상하고, 문제를 해결할 수 있도록 지도한다.

3. 어린이들은 말하는 것을 필요로 한다.

반에서 가장 많이 배운 사람이 교사라는 것은 누구나 안다. 누군가에게 어떤 개념을 배우게 할 때 일반적으로 듣는 사람보다는 설명하는 사람 쪽이 좀더 빠른 학습이 된다. 따라서 어린이들에게 말을 많이 할 수 있는 기회를 주어야 한다. 이 과정을 상호 작용 학습 또는 협동 학습이라고 일컫는다.

협동 학습이란 무엇인가? 협동 학습은 둘씩 혹은 소그룹으로 토의하거나 협동으로 작업할 때 일어난다. 이것은 어린이들이 단지 교사로부터가 아닌 서로서로에게서 배울 수 있는 큰 유익이 있다. 어린이들은 주어진 목표를 달성하기 위해 둘씩 혹은 소그룹으로 함께 작업한다. 그룹 지어진 어린이들은 함께 구성하고, 함께 토의하여, 함께 발표한다. 또한 서로를 가르치고, 서로에게서 배운다. 긍정적인 상호 의존은 개인간 그리고 그룹간의 학습을 촉진시킨다.

예수님은 열두 명의 제자들에게 협동 학습의 방법을 사용하셨다. 그분은 제자들을 한 그룹으로 함께 보내셨다. 그룹 내에서 누가 큰가라는 다툼이 일어났을 때, 예수님은 제자들이 서로에 대해 경쟁해서는 안 된다는 것을 가르쳐주셨다. 그분은 제자들의 상호 작용을 협동 학습의 경험으로 바꾸셨다.

이것이 활동 중심의 성경 교육 과정에서 사용된 협동 학습 기술들이다. 이러한 예들을 가지고, 교사는 어린이들에게 특별한 파트너 혹은 소그룹을 배정한다. 어린이들이 소란을 피우지 않고 함께 협동한다면 학습 효과는 극대화될 것이다.

짝과 함께 나누기 – 어린이들은 짝과 함께 교사가 제시한 질문이나 문제들에 응답한다. 이때 모든 학습자들이 반응하게 하고 수동적인 관찰자가 없게 한다. 그런 다음, 어린이들에게 짝과 함께 반응을 나누라고 한다.

학습 파트너 – 대부분의 교사들은 한 사람을 지목하여 성경 본문을 읽게 한다. 그렇게 함으로 다른 사람들은 꾸벅꾸벅 졸면서 듣게 된다. 어린이들끼리 함께 읽고 서로 반응하게 한다면 모두가 참여하게 되고 더 많은 것을 학습하게 될 것이다.

학습 그룹 – 모형을 만들고, 미술 작품을 만들며, 혹은 인용문이나 이야기를 연구하기 위해 소그룹으로 함께 작업한다. 그런 다음 그러한 경험을 통해 학습한 것을 토의한다. 이때 학습 그룹에 있는 각 사람은 특별한 역할을 배정받게 된다. 몇 가지 예가 있다.

- 읽는 사람
- 기록하는 사람(읽거나 토의하는 동안에 표현된 중심 생각을 기록하기)
- 보고하는 사람(그룹에서 합의된 결과를 학급에 보고하기)
- 격려하는 사람(침묵하고 있는 구성원들이 자신들의 생각을 다른 사람과 나누도록 격려하기)

그룹의 모든 어린이들이 특별한 책임을 가지고 그것에 최선을 다할 때, 어린이들은 더 많은 것을 경험하고 학습하게 된다.

책임 공유하기 – 소그룹의 각 어린이들은 다른 한 주제나 개념 혹은 성경의 한 부분을 살펴보게 된다. 그런 다음 각자는 그것을 그룹에서 나누고 가르친다. 따라서 모든 구성원들은 서로 가르치며, 다른 사람이 발견한 것을 학습해야 한다. 이것을 '책임 공유하기' 라고 부른다. 하나의 퍼즐을 맞추기 위해 개개인이 집단 내에서 책임져야 할 부분이 있는 것이다.

그룹 활동 시간을 마친 후에 전체 학급을 다시 모이게 한다. 이때 교사는 개개인 또는 그룹의 보고를 나누게 한다.

효과적인 수업을 위한 지침

다음은 교사가 활동 학습을 진행하는 데 도움이 되는 몇 가지 지침이다.

• 수업을 하기 전에 전체 단원을 읽으라.

학습 준비물들을 점검한다. '이 과의 개요' 의 준비물 부분을 미리 살핀다.

• 학습 공간을 창의적으로 사용하라.

테이블을 옆으로 옮겨서 어린이들이 자유롭게 이동하고 작업할 수 있도록 한다. 로비, 주차장, 휴게실과 같이 활동을 하는 데 사용될 수 있는 교회 안의 다른 공간들을 찾아본다.

• 활동 학습에서는 모든 사람이 참여자라는 것을 기억하라.

따라서 어린이들과 함께 교사도 학습에 적극적으로 참여한다.

• 가르칠 수 있는 순간을 찾으라.

활동이 실패했을지라도 "왜 이것을 해결하지 않았니?" "너라면 이런 때 어떻게 하겠니?" 혹은 "이 경험으로부터 우리는 무엇을 배울 수 있지?"와 같은 질문을 통해 학습 효과를 기대할 수 있다.

• 어린이들은 다양한 방식으로 학습한다는 것을 기억하라.

각 단원의 활동들은 어린이들이 각각 다른 방식으로 학습할 수 있도록 계획되었다. 그 활동들을 통해 교사도 많은 것을 배우게 될 것이다.

• 어린이들에게 친밀감을 주라.

"네가 동물이 된다면 어떤 동물이 되고 싶니?" "왜 그 동물이 되고 싶니?"와 같은 재미있는 질문을 하거나, 다양한 게임을 함께한다. 그리고 어린이들 개개인의 이름을 불러준다. 어린이들이 편안함과 친근함을 느끼며 활동에 참여하게 될 것이다.

• 단원을 시작하기 전에 학습 준비물을 어린이들에게 보여주지 않도록 하라.

학습 준비물은 어린이들의 흥미를 유발시키기 때문에 만약 수업 전에 공개된다면 흥미를 떨어뜨리게 될 것이다.

• 학습 장애를 가진 어린이들을 배려하라.

만약 그들이 읽거나 기도하는 것을 당황스러워한다면, 그것을 피하도록 한다. 그리고 그 아이들의 부모에게서 그들을 도울 수 있는 정보가 있다면 미리 알아놓는다. 어린이들에게 모든 그리스도인은 그리스도의 지체며, 각자의 재능과 개성은 그분을 섬기기 위해 사용된다는 것을 확신시켜준다.

- **장점을 이끌어낼 수 있는 활동들을 사용하라.**

  소그룹 활동을 할 때 잘 읽지 못하는 어린이는 기록자나 격려자가 되게 한다.

- **어린이들의 감정과 태도를 살피라.**

  어떤 어린이는 가정의 불화를 보고서 또 어떤 어린이는 선생님께 야단을 맞고서 교회에 나오는 경우가 있다. 그러므로 어린이들이 감정을 나누고 극복함으로써 활동에 적극적으로 참여할 수 있도록 격려한다.

5·6학년 아이들 이해하기

신체적 발달

- 에너지가 넘쳐나며, 많은 신체적 활동을 필요로 한다.
- 여자 어린이들이 남자 어린이들보다 키가 더 크고 신체적으로 발달한다.
- 남자 어린이들은 이것을 위협적으로 받아들여 여자 어린이들과의 신체적 접촉을 피하려 한다.

사회적 발달

- 가장 친한 친구와 많은 시간을 보낸다.
- 일반적으로 동성의 친구와 지내기를 좋아하지만, 이성 친구 관계를 탐색하기도 한다.
- 조직화된 게임과 그룹 활동을 즐겨한다.

지적 발달

- 비판적 사고가 발달되고 문제 해결력도 뛰어나다.
- 교사나 어른들에게 문제 제기를 하기 시작한다.
- 어떤 일에 대해 추론하기 좋아한다.
- 과거와 현재의 사건들이 그들의 삶에 어떤 영향을 끼치는지에 관심을 갖는다.

영적 발달

- 모든 일들이 공정하게 되기를 바란다.
- 하나님에 관하여 배운 것들을 자신의 경험과 비교하여 시험해보기를 원한다.
- 하나님의 뜻을 발견하고 어떻게 그 뜻을 따를지 선택할 수 있다.

정서적 발달

- 어린이다운 것과 성숙한 것에 대한 기준을 자주 혼동한다.
- 선택과 행위에 대한 책임을 받아들일 준비가 된다.
- 부모를 잃는다거나, 친구로부터 거부당하거나, 폭력의 희생자가 되거나, 질병에 걸리는 것에 대한 두려움을 갖는다.
- 영웅들과 역할 모델들에게 강한 영향을 받는다.

하나님이 만드신 세상

제1과	**제목**	**하나님이 만드신 놀라운 세상**
	포인트	하나님이 만드신 세상 속에서 신나는 삶을 살라.
	성경 본문	창세기 1:1-5
제2과	**제목**	**자연을 지키며 다스리는 인간**
	포인트	하나님이 만드신 세상을 다스리고 보존하라.
	성경 본문	창세기 1:26-30
제3과	**제목**	**인간, 하나님의 형상**
	포인트	하나님의 마음으로 모든 사람을 귀하게 대하라.
	성경 본문	야고보서 2:1-9
제4과	**제목**	**죽음과 슬픔**
	포인트	예수님의 도움으로 슬픔을 극복하라.
	성경 본문	요한복음 11:32-44

5 · 6 학년 어린이들의 눈에는 하나님이 만드신 이 세상이 거대하고 항상 바뀌는 수수께끼처럼 비칠 수도 있다. 세상의 아름다움보다 죄로 인한 타락이 넘실거리고 죄가 범람하는 소리로 가득 찬 것을 자주 듣는다.

하나님이 만드신 여러 피조물 중에서 어린이들이 설 자리는 어디일까?

그리고 어린이들은 이 세상을 향하여 어떤 책임이 있을까?

어린이들의 삶에서 다른 사람들은 어떤 위치를 차지하고 있을까?

또한 어린이들에게 죽음이란 어떤 의미로 다가오는 것일까?

우리 어린이들은 하나님에 대한 커다란 그림을 미처 이해하기도 전에 삶이라는 수수께끼 앞에서 어려움과 좌절을 경험하거나, 신앙을 위협하는 세상의 유혹 앞에 서게 될 수도 있다. 그러나 성경은 하나님을 이 세상의 창조주이며 통치자로 분명히 선포하고 있다. 또한 이 세상의 모든 만물은 하나님이 창조하신 것이며, 하나님이 우리 앞에 펼쳐 보이시는 세상의 수많은 신비에 대해 우리는 믿음으로 반응하며 즐거워해야 한다고 말씀하고 있다.

세상에 대해 어린이들은 많은 질문을 가지고 있다. 그들이 하나님이 만드신 이 세상을 분명히 이해하고 세상 가운데 드러난 하나님의 능력과 주권에 대해 확신을 가질 수 있도록 이끌어주어야 한다.

이번 단원을 통해 5 · 6학년 어린이들이 하나님이 창조하신 거대한 그림판을 올바로 바라볼 수 있도록 이끌어주라.

1 하나님이 만드신 놀라운 세상

| 성경 본문 | 창세기 1:1-5

| 중심 성경 구절 | **"만물이 그로 말미암아 지은 바 되었으니 지은 것이 하나도 그가 없이는 된 것이 없느니라"**(요 1:3).

| 포인트 | 하나님이 만드신 세상 속에서 신나는 삶을 살라.

| 포인트 익히기 | 어린이들이 ➲ 이 세계가 얼마나 놀라운 곳인지 느끼고 ➲ 성경에 나오는 창조에 대해 배우며 ➲ 하나님이 만드신 세상을 소중히 여겨야 하는 이유를 깨닫게 한다.

구분	활동 내용	준비물
배움터	**놀라운 세계** 질문들을 통해 우리가 살고 있는 이 세상이 얼마나 신기한 곳인지 알아본다.	질문 카드, 막대 사탕
성경 이야기	**창조의 순간** 창세기 1장 말씀을 통해 하나님이 세상을 창조하신 이야기를 듣고 글이나 그림으로 표현해본다.	어린이 교재, 성경, 펜
마무리	**소중한 물건** 어린이들이 소중히 여기는 것을 어떻게 관리하는지 생각해보고 하나님이 창조하신 자연을 소중히 다루어야 한다는 것을 배워본다.	어린이 교재, 펜

성경 배경

오늘날 어린이들은 학교에서 과학이라는 이름으로 위장된 진화론을 진리인 양 배우고 있다. 교회에서 말씀으로 가르치는 내용과 학교에서 설명하는 내용이 서로 상충되기 때문에 어린이들은 혼란을 느끼며 신앙과 과학을 분리해서 생각하기도 한다. 이러한 어린이들에게 분명한 진리의 말씀을 가르쳐주며 말씀에 대해 확신을 갖게 하는 일은 매우 중요하다.

하나님은 엿새 동안에 천지 만물을 말씀으로 창조하셨다. 하나님이 지으신 것은 작게는 물질을 구성하는 원자로부터 크게는 은하계에 이르기까지, 놀라울 정도로 다양한 모습을 가지고 있다. 아무리 과학이 발달해도 이 우주가 왜 만들어졌고 어떻게 운행되고 있는지에 대해서는 그저 수박 겉 핥기 식으로만 알 수 있을 뿐이다. 그리고 과학이라고 가르쳐지는 대부분의 내용은 진화론에 바탕을 둔 것이며, 이것은 추측에 근거하고 있는 내용이 상당수다. 그러나 성경은 분명하게 말씀하신다. 온 우주가 하나님의 말씀에 의해 창조되었다고.

이 세상은 하나님이 처음 창조하셨을 때의 모습을 많이 잃어버리기는 했지만, 그럼에도 우리가 이땅에 살고 있는 것 자체가 놀라운 특권이다. 하나님은 자기 형상을 따라 만드신 사람에게 세상을 잘 다스리고 관리하라고 맡기셨다. 5·6학년 어린이들도 자연의 아름다움과 연약함을 잘 알고 있다. 그러나 한편으로 학교에서 인간은 하나님이 창조하신 것이 아니라 단세포로부터 진화되었다는 이론을 배우는 어린이들은 매우 혼란스러워하고 있다. 이번 과를 통해 창조라는 엄청난 사건을 올바로 파악하고, 또 하나님이 말씀으로 이 세상을 지으셨다는 사실을 굳게 믿을 수 있도록 이끌어주어야 한다. 또한 하나님이 맡기신 이 세상을 잘 다스리고 보존하기 위해 그들이 해야 할 일이 있다는 사실을 깨닫게 해야 한다.

| 배움터 | 놀라운 세계

교사용 교안을 보지 말고 미리 작은 종이에 아래의 질문과 답을 적어 진행하라. 그리고 어린이들에게 나누어줄 막대 사탕을 준비하라.

지금부터 우리가 살고 있는 우주와 지구에 관한 퀴즈 대회를 하겠어요. 맞힐 때마다 점수를 주겠어요. 문제를 잘 듣고 맞혀보세요. 조금 어려울 수도 있으니까 정확히 맞추지 않아도, 정답에 가장 가까운 답을 말한 친구에게 점수를 주겠어요. 한번 연습해볼까요?

태양계에서 가장 중심에 있는 별은 무엇일까요?

그래요. 우리에게 빛을 비춰주는 태양이에요. 자, 이제 본격적인 퀴즈에 들어가겠어요.

1. 지구는 얼마나 빠른 속도로 자전하고 있을까요? (시간당 1668.7킬로미터)
   (보통 고속도로에서 달리는 자동차의 12배 이상의 속도)
2. 지구 속의 마그마 온도는 몇 도일까요? (1,000-12,000℃)
   (물이 끓는 온도의 10배 이상)
3. 지구에서 태양까지의 거리는 얼마일까요? (약 1억 5,000만 킬로미터)
   (걸어가면 4000년, 새마을호 기차를 타면 117년, 빛의 속도로는 8분)
4. 가장 높은 산은 얼마나 높을까요? (8,844미터)
   (63빌딩의 35배 높이)
5. 가장 깊은 바다의 깊이는 얼마나 될까요? (11,034미터 - 태평양 마리아나 해구)
   (가장 높은 산보다 2,000미터 더 깊다.)

가장 점수를 많이 받은 친구에게 준비한 막대 사탕을 선물로 주라.

퀴즈를 풀고, 정답을 들었을 때 어떤 느낌이 들었나요?

그래요. 우리는 정말 놀라운 세상에 살고 있어요. 지금도 과학자들은 열심히 우주와 지구의 신비를 밝혀내고 있지만, 아직까지 밝히지 못한 부분이 훨씬 더 많아요. 아마도 영원히 밝혀내지 못할 것도 있을 거예요. 아직 밝혀낼 것이 많은 이 신기한 세상을 만드신 분은 하나님이세요. 하나님이 만드신 이런 놀라운 세상에서 산다는 것은 정말 즐겁고 신나는 일이에요.

이 놀라운 세상이 처음에 어떻게 만들어졌는지는 성경을 제외하고 그 누구도 확실하게 말하지 못해요. 그저 추측만 할 뿐이죠. 그럼 하나님 말씀 속에서 이 놀라운 세계가 어떻게 이루어졌는지 다 같이 한 번 살펴보기로 해요.

| 성경 이야기 | 창조의 순간

어린이들과 함께 창세기 1장을 돌아가며 읽은 후, 어린이용 교재에 나오는 창조 날짜 밑의 빈칸에 하나님이 창조하신 것을 간단한 그림으로 표현하게 하라. 그림으로 그리기 어려운 것은 글로 쓰게 하라. 모두 다 채우고 나면 그린 것을 서로 보여주며 나누게 하라. 그리고 어린이들을 칭찬해주라.

하나님은 참 재미있고, 논리에 맞게 온 우주와 지구를 창조하셨어요. 여러분의 교재를 보면 하나님이 6일 동안 이 세상을 창조하셨다는 것을 알 수 있어요. 그런데 3일씩 나누어져 있지요? 처음 3일은 나중 3일 동안 창조할 배경을 만드셨고, 그 배경 위에 들어갈 것들을 창조하셨어요. 첫째 날은 빛과 어둠을 만드시고, 그에 대칭되는 넷째 날에는 해, 달, 별을 만드셨어요. 둘째 날에는 하늘과 땅 위의 물과 땅 아래의 물을 만드시고, 그에 대칭되는 다섯째 날에는 하늘에 사는 새와 물에 사는 물고기를 창조하셨구요. 셋째 날에는 물을 한곳으로 모으셔서 땅이 드러나게 하시고, 동물과 사람의 먹이가 될 풀, 채소, 나무를 만드셨고, 그에 대칭되는 여섯째 날에는 그 땅 위에 동물과 사람을 창조하셨어요. 하나님이 세상 만물을 창조하신 순서를 보면 그 어떤 과학과 이론보다도 잘 만드셨다는 것을 느낄 수 있어요.

성경에서는 온 우주와 지구를 하나님이 만드셨다고 분명히 말씀해주고 있어요. 하나님은 말씀으로 온 우주와 지구를 창조하셨는데, 이것은 하나님의 능력이 온 우주와 지구에 스며들어 있다는 말씀이에요. 우리는 하나님이 창조하신 온 우주와 지구 구석구석에서 하나님의 능력을 볼 수 있어요.

많은 과학자들은 여러 가지 추측과 이론으로 온 우주와 지구의 신비를 풀어보려고 아주 오래 전부터 노력해왔어요. 일부는 분명 과학으로 설명할 수 있지만, 인간의 지식이나 능력으로 모든 것을 설명하거나 풀 수는 없어요. 왜냐하면 이 세상의 모든 것들에는 하나님의 신비가 담겨 있기 때문이에요. 오늘 우리가 읽은 말씀을 믿을 때에만 온 우주와 지구의 신비를 이해할 수 있어요.

성경 이야기를 마치고 나면 질문하라.

- 우리가 읽은 말씀 가운데 가장 많이 나오는 단어는 무엇일까요?
- 창조의 순간들을 읽을 때 무엇을 느꼈나요?
- 하나님이 모든 것을 창조하셨다는 사실을 믿을 수 있나요?

놀랍고 신기한 하나님의 창조 사실은 오직 믿음으로만 이해할 수 있어요. 친구들이 이 모든 것을 믿을 수 있도록 하나님이 믿음을 주시기를 원해요. 그리고 믿음으로 하나님이 만드신 신기한 세상을 알고, 마음껏 그 아름다움을 누리면서 살기를 바래요.

| 마무리 | 소중한 물건

어린이들이 가지고 있는 물건 중에서 어떤 것을 소중하게 여기는지 잠시 생각해보도록 한다.

우리 친구들이 제일 소중하게 여기는 물건 세 가지만 생각해보세요. 그리고 그 물건을 어디에 보관하는지, 또 그 물건을 어떻게 다루는지 여러분의 교재에 한번 써보세요.

모두 다 쓰고 난 다음에 어떤 것들을 썼는지 서로 나누게 한다.

여러분이 소중히 여기는 것들이 정말 많네요. 게임기나 스케이트 보드, 친구에게 받은 편지나 선물 등 각자가 소중히 여기는 것은 다를 수 있지만 그것을 보관하고 다루는 데는 공통점이 있어요. 그게 뭐죠?

그래요. 여러분이 중요하게 생각하는 것들은 소중하게 다루어야 한다는 점이에요. 자신이 중요하게 여기는 것들을 사용하고 아무렇게 내팽개치는 사람은 없을 거예요. 따로 케이스를 만들어 보관하고 깨끗하게 사용하는 이유는 우리가 그것들을 소중하게 생각하기 때문이에요.

우리 친구들이 소중히 여기는 것들을 조심스럽게 다루듯이 하나님은 우리에게 맡기신 이 세상 만물을 우리가 소중하게 다루기를 원하세요. 그것은 하나님이 우리에게 주신 이 세상 속에서 우리가 하나님을 즐거워하고 신나게 살기를 원하시기 때문이에요. 우리는 이 멋진 세상을 잘 다스리고 보존해야 할 책임이 있어요.

- 그렇다면 하나님이 만드신 이 신기하고 소중한 만물들을 우리는 어떻게 돌볼 수 있을까요?

어린이들이 자연과 환경을 보호하고 지킬 수 있는 방법들을 구체적으로 생각해보고 대답해보게 하라. 하나님이 주신 아름다운 환경을 잘 보존할 것을 서로 약속하게 하고 아름다운 자연을 주신 하나님께 감사 기도를 드리라.

예수마당 성경공부 1

하나님이 만드신 놀라운 세상

창세기 1:1-5

※하나님이 6일 동안 만드신 아름다운 세상을 그림으로 그려보세요.

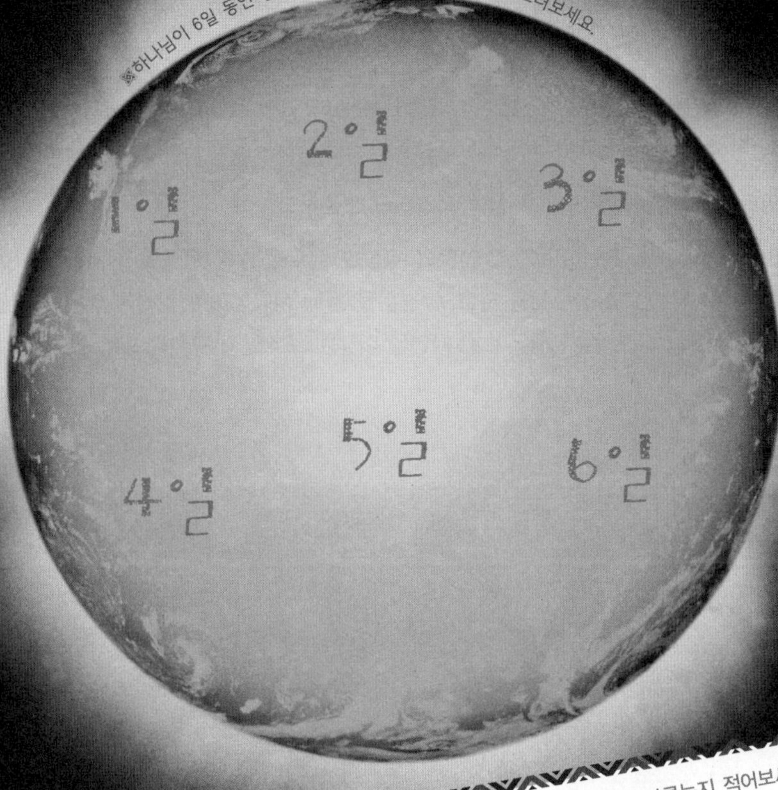

내게 소중한 것들이 무엇이고, 어디에다 보관하며, 그것을 어떻게 다루는지 적어보세요.

리스트
1.
2.
3.

보관 장소

다루기

2 자연을 지키며 다스리는 인간

| 성경 본문 | 창세기 1:26-30

| 중심 성경 구절 | "만물이 그로 말미암아 지은 바 되었으니 지은 것이 하나도 그가 없이는 된 것이 없느니라"(요 1:3).

| 포인트 | 하나님이 만드신 세상을 다스리고 보존하라.

| 포인트 익히기 | 어린이들이 ◎ 인간의 욕심과 실수로 많은 동물들이 멸종 위기에 놓여 있다는 것을 알고 ◎ 본문을 통해 하나님이 인간에게 어떤 명령을 내리셨는지 배우며 ◎ 자연을 어떻게 보호할지 구체적으로 결단하게 한다.

구분	활동 내용	준비물
배움터	**나 좀 살려주세요!** 멸종 위기에 처한 동물들을 알아본다.	어린이 교재, 펜
성경 이야기	**하나님의 명령** 자연에 대한 하나님의 명령을 살펴보고, 구체적으로 우리가 어떻게 자연을 보호해야 할지 생각해본다.	성경
마무리	**나는 지구 수비대** 성경을 찾아 읽고 하나님이 만드신 세상을 아끼고 보호하기로 다짐한다.	성경

| 성경 배경 |

사람들은 자신들의 이익을 위해 자연을 파괴하는 일을 서슴치 않고 자행하고 있다. 이로 인해 자연 재앙이 속출하고 있음을 심심치 않게 듣는다. 이상 기온과 이상 기후는 그 결과라고 할 수 있다. 자연은 인간을 위해서 꼭 필요하다. 어린이들은 천연자원을 보존하는 일과 방법에 대해서 계속해서 배우고 있다. 성경도 우리에게 자연을 다스리고 보호하라고 가르치고 있다.

하나님은 사람을 만드심으로 천지창조의 대미를 화려하게 장식하셨다. 그리고 사람에게 복을 주시고 다음 두 가지 임무를 부여하셨다. 첫째는 생육하고 번성하는 것이다. 하나님의 형상과 모양을 따라 지음받은 사람은 자녀를 낳아야 한다. 둘째는 땅을 정복하고 다스리는 것이다. 정복하고 다스리는 임무는 권위와 밀접한 관계가 있다. 하나님은 자신이 만드신 이 아름다운 세상을 사람의 손에 맡기셨다. 아담과 하와의 자녀인 우리는 하나님이 만드신 이 세상을 보살피고 보존해야 할 거룩한 책임이 있다.

5 · 6학년 어린이들은 환경이 얼마나 중요한 것인지 잘 알고 있다. 학교나 지역사회에서 시행하고 있는 자연보호나 재활용 프로그램에 친숙하기 때문이다. 그리고 자신이 펼쳐나갈 미래를 위해 현재의 환경을 어떻게 지키고 보존해야 하는지에 큰 관심을 갖고 있다. 환경을 깨끗하고 건강하게 지키기 위해 노력하는 일은 단지 사회적인 문제이거나 경제적인 문제에 그치지 않는다. 그것은 하나님이 만물을 창조하신 태초의 순간에 인류에게 부여하신 숭고한 사명임을 깨달아야 한다.

이 과를 통해 어린이들에게 하나님이 만드신 세상을 지키고 보호하는 것이 얼마나 중요한 일인지, 또 어떻게 그 일을 할 수 있는지 가르치라.

| 배움터 | 나 좀 살려주세요!

어린이들을 둥글게 앉게 하고, 어린이 교재를 펴게 한다.

지금부터 동물 이름 말하기 게임을 할 거예요. 여러분의 교재를 보면 지금 멸종 위기에 처한 동물들의 사진이 있어요. 선생님 오른쪽 친구부터 돌아가면서 두 글자로 된 동물 이름을 이야기하는데, 동물 이름을 대지 못하면 교재에 나오는 동물 가운데 하나에 X표를 해서 멸종 위기에 처한 동물 하나를 지워야 해요. 자, 시작해볼까요?

게임을 몇 번 반복한 후 마치면 자연스럽게 질문으로 넘어가라.

- 동물 이름을 말하지 못해 멸종 위기에 처한 동물이 사라질 때 어떤 마음이 들었나요?
- 이 동물들이 왜 멸종 위기에 처하게 되었을까요?

그래요. 대부분 멸종 위기에 처한 동물들은 인간의 욕심이나 실수 때문에 그렇게 되었어요. 인간들은 자기 욕심을 채우기 위해 동물들을 마구 죽이고, 그들이 살고 있는 터전을 없애버렸어요. 인간뿐 아니라 동물과 식물들도 하나님이 만드신 소중한 생명이에요. 우리에게는 이 동물과 식물들을 잘 보존해야 할 책임이 있어요. 하나님은 온 세상의 만물을 창조하시고 인간들에게 자연을 맡기시면서 어떤 명령을 내리셨어요. 하나님이 어떤 명령을 내리셨는지 함께 살펴볼까요?

| 성경 이야기 | 하나님의 명령

어린이들과 함께 창세기 1장 26-30절을 읽고 성경 이야기를 들려주라.

질서는 매우 중요한 것이에요. 만약 이 우주에 질서가 없다면 어떻게 될까요? 금성이 자기 궤도가 아닌 지구가 있는 쪽에 있고 싶다고 지구가 도는 길을 가로막는다고 생각해보세요. 어떻게 될까요? 우리가 살고 있는 지구는 벌써 금성이나 화성, 또는 명왕성 같은 다른 행성에 부딪혀 산산조각 나 없어졌을 거예요. 질서는 서로가 함께 잘살 수 있도록 도와주는 규칙이에요. 이 규칙이 제대로 지켜지지 않으면 모두가 어려움을 겪게 돼요.

하나님은 그래서 태양부터 식물과 동물까지 이 세상을 다 창조하신 후에, 제멋대로 살아가라고 그냥 놓아두지 않으셨어요. 그 모든 피조물들의 질서를 위해 마지막으로 인간을 창조하시고 그것들을 다스리게 하셨어요. 오늘 우리가 읽은 말씀을 보면 하나님이 인간에게 내리신 분명한 명령을 볼 수 있어요. 우리 함께 28절을 다시 읽어볼까요?

다 같이 28절을 읽고 다음 질문을 한다.

- 28절을 보면 하나님이 인간에게 하신 세 개의 문장이 나와요. 그 세 개의 문장은 모두 어떻게 끝나나요?

그래요. 모두 '~하라' 라는 명령형으로 끝나요. 이 본문을 '문화 명령' 이라고 해요. 문화란 우리가 살아가는 자연을 포함한 주변의 모든 것을 말하는 것이고, 명령이란 반드시 따라야 하는 것을 말하지요. 즉, 하나님의 사람들이 자연을 위해서 반드시 해야 하는 일이라는 뜻이에요.

하나님은 모든 자연을 잘 다스리라고 명령하셨어요. 잘 다스리라는 것은 서로가 함께 살아가도록 질서를 유지하라는 뜻이에요. 질서는 어느 한쪽이 지키지 않으면 곧 무너지고 말아요. 그런데 불행하게도 질서를 지키고 잘 다스려야 할 사람들이 오히려 깨뜨리고 파괴해서 자연 질서가 무너져가고 있어요.

- 하나님이 만드신 만물을 사람들이 잘 보호하고 있다고 생각하나요, 그렇지 않다고 생각하나요? 왜 그렇게 생각하나요?
- 나중에 여러분이 낳은 자녀들이 여러분만큼 자랐을 때 이 지구는 어떻게 달라져 있을 거라고 생각하나요?

하나님은 우리가 자연을 보호하기를 원하세요. 그것은 자연뿐만 아니라 우리 인간을 위한 것이기도 해요. 자연이 없다면 인간도 살아갈 수 없기 때문이에요. 그렇지만 주위를 둘러보세요. 사람들은 얼마나 자연을 아끼고 보살피고 있나요? 우리가 관심과 사랑으로 열심을 내어 자연을 돌보고 보살피지 않으면 자연은 파괴되고 망가져요. 하나님이 만드신 자연을 보호하는 일은 우리 모두가 심각하게 여기고 책임져야 할 중요한 일이에요. 하나님은 우리가 자연을 잘 다스리고 보존하기를 원하세요.

| 마무리 | 나는 지구 수비대

천지와 만물은 하나님의 영광을 나타내기 위해 지음받았어요. 그리고 그 가운데 있는 모든 동물과 식물도 마찬가지예요. 그런데 지난 25년 사이에 지구상에 살던 백만 종이나 되는 동물이 멸종되어 사라지고 말았어요. 사람들이 그 동물들이 살고 있는 열대 지방의 밀림에서 나무를 마구잡이로 베어냈기 때문이에요. 잠언 12장 10절과 시편 104편 10-14절을 읽고 하나님이 자연과 동물들을 어떻게 생각하시는지 살펴보세요.

다시 둘씩 짝을 지어 다음 질문을 토의한 다음 전체 앞에서 발표하게 하라.

- 방금 읽은 말씀에 따르면 하나님은 하나님이 지으신 동물들을 어떻게 여기고 계신가요?
- 동물들에게 필요한 것들을 어떻게 도와줄 수 있을까요?

하나님이 만드신 자연을 다스리고 보존하는 것은 하나님을 기쁘시게 하는 행동이에요. 이제 옆 친구에게 자신의 생각을 말해보세요. "나는 지구를 지키는 수비대로서 ____________와 같은 방법으로 지구를 보호하겠습니다."

하나님이 만드신 지구를 보존하는 지구 수비대로서 활동하겠다는 다짐을 하고 기도로 마치라.

예수마당 성경공부 2 자연을 지키며 다스리는 인간

창세기 1:26-30

멸종 위기에 처한 동물

자이언트 팬더

학명: Ailuropoda melanoleuca

검은색과 흰색이 섞여 있는 곰의 한 종류이며 많은 사람들로부터 사랑을 받고 있다. 몸무게는 170킬로그램 정도 나가며 주로 대나무 잎과 뿌리를 먹고 산다. 중국의 중앙에 있는 고산 지대에서만 서식하고 있다.

호랑이

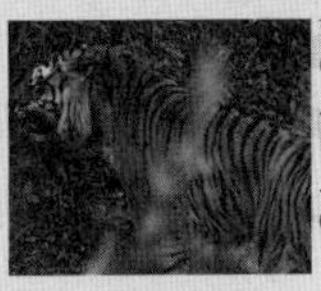

학명: Panthera Tigris

아시아에서 서식하고 있는 동물로 그중 2/3 정도가 인도에 살고 있다. 호랑이의 뼈는 약으로 사용되고, 가죽이 비싼 값에 팔리기 때문에 사냥꾼의 목표가 되고 있다.

매

학명: Falco peregrinus

매의 시력은 인간의 30배나 된다. 그리고 어떤 새보다 빠르게 날 수 있어 한 시간에 320킬로미터나 갈 수 있다.

검은 코뿔소

학명: black rhinoceros

1970년부터 1994년 사이에 검은 코뿔소의 숫자는 95%나 감소했다. 사냥꾼들은 이 코뿔소의 뿔을 탐내고 있다.

학·두루미

학명: Grus americana

전세계적으로 250여 마리밖에 남지 않은 희귀조다. 얕은 물가에 둥지를 만들어 서식하는데, 한번 짝을 지으면 일생을 함께 지내며, 한 둥지에서 몇 년씩 지낸다.

참다랑어

학명: Thunnus thynnus

이 참다랑어는 한 시간에 90킬로미터를 헤엄쳐 갈 수 있다. 전세계 미식가들의 수요를 맞추기 위해 지난 1974년 이후 마구 잡아들여 그 숫자가 80% 정도 줄었다.

장수거북

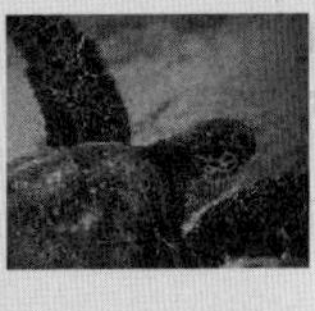

학명: Dermochelys coriacea

장수거북은 바다거북 중에서도 가장 큰 종류로, 껍질 크기가 2미터가 넘기도 하고, 몸무게가 700킬로그램이 넘는 것도 있다. 장수거북이 주로 먹는 음식은 해파리다.

검은발 족제비

학명: Mustela nigripes

검은발 족제비는 몸길이 약 60센티미터에 몸무게는 1.5킬로그램 정도밖에 나가지 않는다. 이 족제비는 북아메리카 대륙에 서식하는 유일한 족제비다.

3 인간, 하나님의 형상

| 성경 본문 | 야고보서 2:1-9

| 중심 성경 구절 | "만물이 그로 말미암아 지은 바 되었으니 지은 것이 하나도 그가 없이는 된 것이 없느니라"(요 1:3).

| 포인트 | 하나님의 마음으로 모든 사람을 귀하게 대하라.

| 포인트 익히기 | 어린이들이 ◐ 서로를 존중하는 법을 연습하고 ◐ 토의를 통해 이성 간에도 존중해야 하는 이유를 배우고 ◐ 하나님은 모든 사람을 귀하게 여기신다는 사실을 깨닫게 한다.

구분	활동 내용	준비물
배움터	**경청** 역할극을 통해 대화할 때 어떤 태도로 상대방의 말을 듣는 것이 옳은지 경험해본다.	
성경 이야기	**다른 친구** 야고보서 2장 1-9절을 읽고 어떻게 나와 다른 친구를 소중히 여길 수 있는지 토의한다.	성경, 어린이 교재, 펜
마무리	**귀한 친구** 서로에게 왜 귀한 친구인지 말한다.	어린이 교재, 펜

| 성경 배경 |

5 · 6학년 어린이들은 공평에 대한 의식이 강하다. 그래서 편애하는 어른들을 비판의 눈으로 바라본다. 그러나 사실 어린이들은 어른보다 더 외모에 치우쳐 사람을 판단하기도 한다. 그래서 옷차림이나 머리 모양, 또는 얼마나 부자인가 하는 겉으로 드러나는 모습에만 치우쳐 친구들을 판단하기도 한다.

성경은 이런 형태의 판단에 하나님이 어떤 태도를 취하시는지 분명히 보여준다. 하나님은 모든 사람들이 겉모습에 상관없이 인격적으로 대우받기를 원하신다. 하나님께 나오는 사람들을 겉모습으로 판단하여 부자에게는 좋은 자리를 주고 가난한 사람에게는 앉을 자리도 주지 않는다면 그것은 죄를 짓는 행위다. 율법은 이런 행동을 하는 사람들을 범죄자로 정한다고 말한다. 오히려 성경은 "세상에 대하여는 가난한 자를 택하사 믿음에 부요하게 하시고 또 자기를 사랑하는 자들에게 약속하신 나라를 유업으로 받게 아니하셨느냐"(약 2:5)고 강조하여 말씀하신다. 겉모습만 보고 사람을 판단하며 가난한 자를 무시하는 사람들에게 주는 경고의 말씀이다.

5 · 6학년 어린이들은 때로는 너무 자기 의식이 강해서 불안정한 자아를 떠받치기 위해 다른 사람들을 헐뜯고 깎아내리려고 한다. 우리는 이런 어린이들에게 그리스도인으로서 성령의 인도함을 받는 것이 어떤 것인지 생활 가운데서 보여주어야 한다. 바울은 그리스도인에게 가장 필요한 덕목 다섯 가지를 언급하고 있다. 긍휼, 자비, 겸손, 온유, 오래 참음(골 3:12). 이러한 덕목들은 그 당시의 비그리스도인들에게서는 찾아볼 수 없는 것이었다. 그리고 최고의 덕목은 사랑이다(14절). 사랑은 12절에 언급한 모든 덕목을 합한 것보다 더 위대하다.

이 과를 통해 우리 어린이들도 이러한 태도를 가질 수 있도록 도전하고 가르치라.

| 배움터 | 경청

어린이들을 둘씩 모둠을 만들어 서로 대화할 때 경청하는 자세와 잘 듣지 않는 자세를 취해보게 하라. 그리고 서로 어떤 느낌이 들었는지 나누고, 대화할 때 상대방을 존중하는 방법을 찾게 하라.

서로 마주 보고 있는 친구와 함께 가위, 바위, 보에서 이긴 친구가 먼저 30초 동안 자기가 좋아하는 한 가지를 다른 친구에게 이야기해주세요. 그러면 진 친구는 이긴 친구가 이야기할 때 최대한 경청해야 해요. 그리고 선생님이 "그만"이라고 말하면, 이번에는 진 친구가 30초 동안 자신이 좋아하는 일 한 가지를 친구에게 이야기해주세요. 그러면 가위, 바위, 보에서 이긴 친구는 이야기를 잘 듣지 않고 딴청을 피우는 거예요. 그럼 시작하세요.

서로 역할을 바꾸어서 모든 어린이가 활동을 마치고 나면 선생님을 바라보게 하고 질문하라.

- 이긴 친구가 말해보세요. 진 친구에게 좋아하는 이야기를 할 때 친구가 잘 들어주니 기분이 어땠나요?
- 이번에는 진 친구가 말해보세요. 좋아하는 이야기를 하는데 친구가 딴청을 하니 기분이 어땠어요?

말을 할 때 다른 사람이 나의 이야기를 듣는 척만 한다거나, 듣지 않고 다른 행동을 한다면 어떤 마음이 드나요? 맞아요. 상대방이 나를 무시한다거나 귀하게 여기지 않는다는 생각이 들어 기분이 좋지 않을 거예요. 우리가 다른 사람과 이야기를 하는 이유는 서로 대화를 주고받으며 상대방의 생각과 마음을 잘 알고 이해하기 위한 것이지, 일방적으로 자기 생각만 말하기 위한 것이 아니에요. 내 말을 듣는 사람이 내 말을 존중해줄 때, 기분이 좋아지고 말할 의욕도 느끼게 돼요. 그렇다면 상대방도 마찬가지 마음을 가지고 있겠죠? 다른 사람들이 우리 말을 잘 들어주고 존중해주기를 원하는 것처럼 다른 사람들도 우리가 그들을 귀하게 여기고 경청하는 태도를 보여주기를 원해요. 그리고 하나님도 우리가 서로에게 하나님의 마음으로 대하기를 원하세요.

| 성경 이야기 | 다른 친구

어린이들과 함께 야고보서 2장 1-9절을 읽고, 성경 이야기를 들려주라.

여러분은 혹시 차별대우를 받아본 적이 있나요? 어떻게 차별을 받았는지 한번 이야기해보세요.

어느 정도 어린이들의 이야기를 들은 후에 동감해주고, 자연스럽게 성경 이야기로 들어가라.

어떤 친구들은 차별대우를 받아본 적이 있을 거예요. 그런데 차별대우는 이 시대에만 있는 것이 아니라, 거의 2000년 전에 야고보서가 기록된 시대에도 있었어요. 일반 사회에서도 차별대우는 아주 좋지 못한 걸로 여겨지는데, 교회 안에서 사람들을 차별하는 일이 있었어요. 회당(지금의 교회)에 좋은 옷을 입고 부자처럼 보이는 사람이 들어오면 좋은 자리로 인도해 앉게 하고, 허름한 옷을 입은 사람이 들어오면 대충 구석에 앉으라고 안내를 했어요. 야고보 사도는 이런 모습을 안타까워하며 아주 엄하게 경고했어요. 오늘 읽은 말씀 가운데 9절을 보면 사람을 보이는 대로 판단하여 차별하는 사람을 '범죄자' 라고 정한다고 말하고 있어요. '범죄자' 라는 말은 법을 어긴 죄수를 의미하는 단어예요.

우리는 혹시 나와 다른 의견을 가진 사람이나, 모습이 다른 사람들을 차별하는 죄를 짓고 있지는 않나요? 우리 함께 활동을 통해 우리 자신을 돌아보기로 해요.

어린이들을 두 모둠으로 나눈다. 활동으로 어린이들이 서로 다른 친구의 모습을 어떻게 받아들여야 할지 생각하고 올바른 결론을 내릴 수 있도록 도와주라.

지금부터 한 모둠에서는 남자와 여자의 다른 점을 토의해서 여러분 교재에 나오는 표에 써보세요. 그리고 다른 한 모둠에서는 정상인과 장애우들의 다른 점을 토의해서 여러분들 교재에 써보세요.

다 기록하고 나면 질문하라.

- 나와 다르다는 것은 나쁜 것인가요, 아니면 불행한 것인가요?
- 의견이나 생긴 모습이 나와 다른 친구를 만나면 여러분은 그 친구를어떻게 대하나요?
- 여러분이 친구들을 차별하지 않고 소중하게 여기려면 어떻게 해야 할까요?

하나님은 우리가 모든 사람을 귀하게 여기기를 원하세요. 그리고 그 모든 사람 안에는 이성 친구들도, 장애를 가진 친구들도 당연히 포함되어 있어요. 모습이 다르고, 몸이 건강하지 않아도 모든 사람은 하나님의 형상을 따라 지음받았기 때문이에요. 이 말은 모든 사람은 하나님의 선하신 성품과 창조적인 자질을 가지고 있다는 뜻이에요. 그렇기 때문에 우리는 다른 사람을 대할 때 하나님을 대하듯 귀하게 대해야 해요. 내 눈에 보이는 대로 판단하여 차별해서는 안 돼요.

| 마무리 | 귀한 친구

어린이들을 둥글게 앉힌 후에 어린이 교재를 펴게 한다.

하나님은 우리가 모든 사람을 귀하게 여기기를 원하세요. 특별히 이 시간에는 바로 옆에 있는 친구들을 소중하게 대하는 연습을 해보겠어요. 지금 여기에 있는 우리 반 친구들의 이름을 여러분이 가진 교재에 모두 다 적고, 이름 옆에 그 친구가 왜 소중한지 이유를 적어보세요. 우리 반 친구들의 소중한 점을 잘 생각해 적어보세요.

모두 적고 나면, 서로 발표하게 하고 격려해주라.

우리는 모두 하나님의 형상을 따라 지음받은 아주 귀한 사람들이에요. 어떤 사람을 하찮게 여기거나, 소홀히 대하는 것은 하나님을 그렇게 대하는 것과 같은 죄를 짓는 거예요. 왜냐하면 하나님이 소중하게 여기시고 그 사람을 위해 돌아가실 정도로 하나님이 사랑하는 사람을 무시하는 것은 하나님을 무시하는 것과 같기 때문이에요. 하나님은 우리들이 서로 소중히 여기는 모습을 기뻐하세요. 다른 사람을 소중히 여기고, 다른 사람에게 소중히 여김을 받는 우리 친구들이 되기를 바래요.

어린이들이 서로를 존중해줄 수 있도록 기도해주고 마치라.

예수마당 성경공부 3

인간, 하나님의 형상

야고보서 2:1-9

어떻게 다를까요?

우리 반 친구의 이름을 적어보고, 그 친구가 왜 귀한 친구인지 적어보세요.

4 죽음과 슬픔

| 성경 본문 | 요한복음 11:32-44

| 중심 성경 구절 | **"만물이 그로 말미암아 지은 바 되었으니 지은 것이 하나도 그가 없이는 된 것이 없느니라"**(요 1:3).

| 포인트 | 예수님의 도움으로 슬픔을 극복하라.

| 포인트 익히기 | 어린이들이 ◐ 소중한 사람을 생각해보고 ◐ 소중한 사람이 죽었을 때 어떤 느낌인지 이야기해보며 ◐ 슬픔에 잠긴 사람을 어떻게 도울 수 있는지 찾아보고 천국에 대한 소망을 갖게 한다.

구분	활동 내용	준비물
배움터	**소중한 사람** 소중한 사람을 생각해보고 그들이 왜 소중한지 이야기해본다.	어린이 교재, 펜
성경 이야기	**혼자만의 순간** 요한복음 11장 32-44절을 읽고 소중한 사람의 죽음에 대해 예수님은 어떻게 하셨는지 살펴보며 슬퍼하는 사람을 위로하기로 결심한다.	성경, 어린이 교재, 펜
마무리	**천국을 보며** 요한계시록 21장 1-7절을 읽고 천국을 나타내는 말을 적어본다.	성경, 어린이 교재, 펜

| 성경 배경 |

5 · 6학년 어린이들은 마치 자기가 영원히 살 것처럼 생각할 수도 있다. 그러나 얼마 지나지 않아 죽음이 무엇을 의미하는지 하나씩 경험하게 된다. 아끼는 애완동물이 죽거나, 할머니 할아버지가 돌아가실 수도 있고, 친한 친구가 뜻밖의 사고로 목숨을 잃을 수도 있다. 여러분이 맡은 어린이들은 죽음을 당당하게 맞이할 준비가 되어 있는가?

바울은 고린도전서 15장에서 육체의 부활을 부인하는 고린도 교회 성도들에게 육체의 부활이 분명 있을 것이라고 강조한다. 그리스도가 죽음을 이기셨기 때문에 그리스도인들도 그리스도가 다시 오실 때 그분과 함께 죽음을 이기게 될 것이라고 말한다. 또한 바울은 50-58절에서 썩어질 우리 몸이 영원히 썩지 않을 몸으로 변하게 되어 죽음을 이기게 되며, "사망아 너의 쏘는 것이 어디 있느냐?"는 말씀은 승리의 찬가가 될 것이라고 약속한다.

어느 나이든 죽음과 슬픔은 견디기 힘든 일임에 틀림없다. 더구나 5 · 6학년 어린이들처럼 연약하고 변화무쌍한 시기에는 더욱 위험하다. 바울은 고린도 교회의 성도들에게 예수님이 사망을 이기셨다는 사실을 들려주면서 그들도 굳게 서라고 권면하고 있다. 예수님으로 말미암아 우리에게는 영생이 주어졌고, 사망은 무릎을 꿇은 것이다. 어린이들은 예수님 안에서만 죽음과 그에 따르는 커다란 아픔을 이겨낼 능력을 발견할 수 있다. 이 비밀이야말로 모든 사람이 함께 나눌 만한 것이 아니겠는가!

이번 과를 통해 죽음까지도 이기신 예수님을 믿고 의지함으로써, 어린이들이 믿음의 승리를 누리며 살아가도록 가르치라.

| 배움터 | 소중한 사람

어린이들을 둥글게 앉히고 이야기하라.

여러분 중에서 혹시 동작동에 있는 국립묘지를 방문해본 친구가 있나요?

어린이들의 응답을 기다리라.

국립묘지는 6·25와 같은 전쟁 중에 우리나라를 위해 싸우다 돌아가신 분들을 기념하는 곳이에요. 국립묘지와 같은 기념관을 만드는 것은 우리나라를 지키기 위해 싸우다 돌아가신 분들을 기념하고 그분들이 남기신 업적을 잊지 말고 기억하도록 하기 위해서예요. 기념관은 이렇게 어떤 사람이나 사건들을 다시 기억하고, 그들에게 느끼는 고마움을 표현하기 위해 만들어졌어요.

• 여러분은 어떤 기념관을 방문해보고 또 어떤 기념물들을 보았나요?

지금부터 돌아가신 사람 가운데 여러분이 소중하게 생각했던 사람의 이름을 한 사람 적어보세요. 할머니나 할아버지여도 좋고, 여러분이 존경하는 위인이어도 좋아요. 그리고 그 사람을 왜 소중하게 생각하는지에 대해서도 적어보세요.

어린이들이 다 적었으면 발표하게 하고 격려하라.

지난 시간에 우리는 하나님이 이 세상을 만드셨다는 것과, 하나님이 맡기신 이 세상을 잘 보살펴야 한다는 것에 대해 배웠어요. 오늘은 사람의 죽음에 대해 살펴보려고 해요. 이 세상에서 살아가는 모든 생명은 반드시 죽음을 맞이하게 되어 있어요. 그리고 사랑하는 사람이 죽는 것을 보는 일은 무척 슬프고 고통스러워요. 왜냐하면 한 번 죽으면 이 세상에서 다시는 그 사람을 보지 못하기 때문이에요. 이러한 죽음이 우리 주변에서 일어날 때 어떻게 해야 할까요? 오늘 성경은 우리에게 죽음과 슬픔 가운데서도 함께하시는 예수님에 대해 말씀하고 있어요. 예수님은 우리가 죽음의 고통을 당할 때에도 홀로 두지 않으시고 어려움 가운데서 이겨내도록 함께하시고 도와주세요.

| 성경 이야기 | 혼자만의 순간

어린이들과 함께 요한복음 11장 32-44절을 읽고 성경 이야기를 들려주라.

마리아와 마르다라는 두 자매는 부모님과 같았던 나사로라는 오빠와 함께 살고 있었어요. 예수님은 이 두 자매와 나사로를 전부터 잘 알고 있었어요. 마리아는 나중에 예수님이 돌아가시기 전에 예수님의 발에 향유를 붓고 머리카락으로 예수님의 발을 닦아준 여인이에요. 그런데 갑자기 오빠 나사로가 병에 걸려 죽게 되었어요. 그래서 사람을 예수님이 계신 곳으로 보내어, 지금 바로 오셔서 오빠의 병을 고쳐달라고 부탁을 드렸어요. 그런데 예수님은 그들의 집으로 바로 가지 않으시고, 소식을 들은 후 이틀이나 지나서 가셨어요. 예수님이 마리아와 마르다 집에 도착했을 때는 이미 구슬픈 울음소리가 그 집에서 흘러나오고 있었어요. 슬픔에 잠긴 두 자매는 오빠 나사로가 죽어서 무덤에 장사된 지 나흘이나 지났다고 말씀드렸어요. 예수님은 눈물을 흘리시며 그들을 위로해주셨어요. 그리고 나사로가 묻힌 무덤으로 가셔서 무덤의 문을 여시고 죽은 나사로를 향해 "나사로야, 나오너라" 하고 큰 소리로 외치셨어요. 그러자 죽은 나사로가 살아서 걸어 나왔어요.

예수님은 이 사건을 통해 오빠의 죽음으로 슬픔에 잠긴 두 자매를 위로해주셨을 뿐 아니라, 부활이며 생명이신 예수님을 믿기만 하면 영원히 죽지 않고, 천국에 갈 것이라는 귀한 진리를 가르쳐주신 거예요.

어린이 교재를 활용하여 다음의 질문에 답하게 하라.

- 이 이야기 속에서 느낄 수 있는 느낌을 모두 말해보세요.
- 나사로가 죽었을 때 그 가족들의 마음은 어떠했을까요?
- 예수님은 나사로의 죽음을 왜 그렇게 슬퍼하셨을까요?
- 예수님은 우리가 사랑하는 사람이나 아끼던 동물이 죽어 슬퍼할 때 어떤 모습을 보여주실까요?

죽음은 무섭기도 하고 슬프기도 해요. 예수님도 나사로가 죽었을 때 무척 마음이 아프셨어요. 죽음 앞에서 슬퍼하고, 두려워하며, 때로 화를 내는 것은 잘못된 것이 아니에요. 하지만 우리가 고통스럽고 슬퍼하는 마음이 들 때 예수님은 우리와 함께하시며 새 힘과 능력을 주세요.

어린이 교재를 활용하여 어떻게 하면 슬픔에 잠긴 친구를 도울 수 있는지 적도록 한다. 적은 내용을 돌아가면서 발표하게 하라.

- 오늘 위로에 대해 친구들이 발표한 것 가운데 가장 마음에 드는 것은 어떤 내용이었나요?

우리는 이 시간에 사랑하는 사람을 잃고 슬퍼하는 친구를 위로할 수 있는 좋은 방법들을 찾아보았어요. 슬픔에 잠긴 친구들을 보면 가끔씩 그들을 피하고 싶은 유혹에 빠지기도 해요. 그렇지만 예수님은 우리가 죽음과 슬픔을 이겨낼 수 있도록 함께하시고 도와주세요. 우리도 예수님처럼 슬퍼하는 사람들에게 사랑하는 마음으로 진심 어린 위로를 주고 그들이 슬픔을 이겨낼 수 있도록 도와주어야 해요.

| 마무리 | 천국을 보며

우리가 죽음 앞에서도 힘을 낼 수 있는 있는 이유는 죽음이 끝이 아니라는 사실을 알기 때문이에요. 죽은 후에는 예수님을 믿는 우리는 천국에 가게 돼요. 슬픔을 당한 친구에게 천국에 대해 설명해주는 것은 슬픔을 이길 수 있는 좋은 방법이에요. 그러면 천국을 설명하는 말을 적어보기로 해요. 이제 선생님과 함께 요한계시록 21장 1-7절을 큰 소리로 읽도록 하겠어요. 그리고 옆 친구에게 여러분이 적은 천국에 대해 설명해보세요.

어린이 교재에 각자 천국에 대해 적게 하고, 서로 적은 것을 나누게 하라.

우리가 예수님을 믿을 때, 예수님은 우리를 천국으로 인도해주세요. 이러한 참된 소망이 있을 때에만 죽음과 슬픔을 이겨낼 수 있어요. 천국은 완전하고 온전한 곳이에요. 예수님은 우리를 천국에 갈 수 있도록 하실 뿐만 아니라, 우리가 죽음과 슬픔을 이겨내도록 도와주세요.

예수마당 성경공부 4

죽음과 슬픔

요한복음 11:32-44

✎나에게 가장 소중했던 사람의 이름 중 한 사람 이름을 적는데 반드시 돌아가신 분을 적으세요.

✎**요한복음 11장 32-44절을 읽고 다음 질문에 답하라.**

1. 이 이야기 속에서 느낄 수 있는 느낌을 모두 말해보세요.
2. 나사로가 죽었을 때 그 가족들의 마음은 어떠했을까요?
3. 예수님은 나사로의 죽음을 왜 그렇게 슬퍼하셨을까요?
4. 예수님은 우리가 사랑하는 사람이나 아끼던 동물이 죽어 슬퍼할 때 어떤 모습을 보여주실까요?

✎어떻게 하면 슬픔에 잠긴 친구를 도울 수 있을까요?

천국

✱ 천국을 나타내는 말을 적어보세요. ✱

자립심

제5과	제목	나의 책임
	포인트	맡겨진 책임을 다하라.
	성경 본문	누가복음 19:11-27
제6과	제목	자유다!
	포인트	그리스도 안에서 얻은 참 자유로 다른 사람을 섬겨라.
	성경 본문	요한복음 8:31-36, 고린도전서 9:19-23
제7과	제목	리더십 훈련
	포인트	모범을 보이는 지도자가 되라.
	성경 본문	고린도전서 10:31-11:1
제8과	제목	두려움과 맞서서
	포인트	하나님의 도우심으로 두려움에 맞서라.
	성경 본문	요한복음 14:25-27

어린이들은 부모에게 절대적인 영향을 받으며 자라난다. 그러나 사춘기가 오면 스스로 자립하려는 강한 의욕을 갖게 된다. 이것은 정신적, 신체적, 사회적인 전 영역에서 일어난다. 5 · 6학년 어린이들에게 홀로 선다는 것은 성숙해지고 있다는 상징이자 일종의 특권이다. 그들은 무엇을 할 것인지, 어디에 갈 것인지, 어디에 돈을 사용할 것인지 지금 당장 자기 스스로 결정하기를 원한다. 그러나 5 · 6학년 어린이 대부분은 자유에는 항상 책임이 따른다는 것을 이해하지 못하고 있다.

5 · 6학년 어린이들이 자유와 책임 사이에서 균형을 유지할 수 있는 방법들을 개발하도록 이끌어주어야 한다. 이번 단원은 자유와 책임, 리더십과 두려움 등의 주제를 다루고 있다. 이 단원을 통해 어린이들은 자립심이 가져다주는 유익과 도전이 얼마나 소중한 것인지 깨닫게 될 것이다.

5 나의 책임

| 성경 본문 | 누가복음 19:11-27

| 중심 성경 구절 | "누구든지 네 연소함을 업신여기지 못하게 하고 오직 말과 행실과 사랑과 믿음과 정절에 대하여 믿는 자에게 본이 되어"(딤전 4:12).

| 포인트 | 맡겨진 책임을 다하라.

| 포인트 익히기 | 어린이들이 ➲ 자신이 가지고 있는 것이 무엇인지 살펴보고 ➲ 자신이 맡고 있는 책임을 알며 ➲ 책임을 다할 수 있도록 결심하게 한다.

구분	활동 내용	준비물
배움터	**내가 가지고 있는 것?** 내가 가지고 있는 것을 살펴본다.	어린이 교재, 펜
성경 이야기	**책임** 누가복음 19장 11-27절을 읽고, 비유의 내용에 대해 살펴보며, 자신이 맡고 있는 책임과 역할에 대해 생각해본다.	성경, 어린이 교재, 펜
마무리	**책임을 다해요** 활동을 통해 책임을 다하기로 결심한다.	성경

| 성경 배경 |

5·6학년 어린이들은 자기 권리에 대해서는 열심히 주장하는 경향이 있다. 자기 것에 해당하는 것을 놓치지 않으려 하고, 자기 것을 주장하는 데는 능숙하다. 하지만 그에 따르는 책임은 지지 않으려고 한다. 책임을 다하지 않는 태도에 대해 여러 가지 핑계를 대며 현재에서 벗어나려고만 하는 경향이 있다.

오늘 본문에 나오는 므나를 맡은 종들에 관한 비유는 예수님의 예루살렘 입성의 서곡이라 할 수 있다. 예수님은 자신이 예루살렘 사람들로부터 배척당할 것을 아셨다. 그리고 이 사실로 인해 제자들이 크게 낙심하리라는 것도 아셨을 것이다. 이 비유의 주제는 섬김과 믿음이다. 이 두 가지는 장차 제자들을 더욱 강하게 이끄는 매개체가 될 것이다. 예수님은 이 사실적인 비유를 통해, 청중들에게 모든 종들은 누구를 섬기는지 여부와 상관없이 선택을 할 책임과 그 선택의 결과를 받아들여야 할 책임이 있다는 것을 깨우쳐주고 있다. 주인은 종에게 그 책임을 물으신다. 맡겨진 므나에 대한 권리뿐만 아니라, 그것에 대한 책임을 다하는 종이 칭찬을 받는다.

5·6학년 어린이들도 어리다고 해서 이러한 선택의 문제와 관련된 책임을 면제받는 것은 아니다. 이 비유에 나오는 종들은 자기에게 맡겨진 돈을 어떻게 사용해야 할지 선택해야 했다. 우리 어린이들도 날마다의 삶 가운데서 무언가 선택을 해야 한다.

하나님을 섬길 것인가, 아니면 믿음을 저버릴 것인가?

기꺼이 책임을 떠맡을 것인가, 포기할 것인가?

말의 힘으로 다른 사람을 고치고 일으켜줄 것인가, 다치게 할 것인가?

받은 은사로 다른 사람을 세워줄 것인가, 넘어뜨릴 것인가?

하나님은 어린이들이 이러한 책임을 맡을 수 있도록 도와주신다는 것을 가르쳐주라. 어리지만 어린이들도 이러한 책임을 감당할 수 있도록 이끌어주어야 한다.

| 배움터 | 내가 가지고 있는 것?

어린이 교재를 활용하여 하나님이 내게 어떤 것들을 주셨는지 아는 만큼 적어본다. 개인적인 재능이나 능력에 대해서도 생각하고 적을 수 있도록 자극을 주라. 또한 가정과 주변 환경에 대해서도 어떤 것이 주어졌는지 살펴보게 하라.

- 하나님이 여러분에게 주신 것을 살펴보니까 어떤 느낌이 들었나요?

하나님은 각각의 사람들에게 재능과 능력을 주셨어요. 아무것도 받지 못한 사람은 아무도 없어요. 그러나 어떤 사람은 자신이 받은 것에 대해 알지 못하기도 해요. 자신에게 어떤 재능과 능력이 있는지 아는 것은 중요해요. 나에 대한 친구의 생각은 어떤지 서로 들어보는 시간을 갖도록 하겠어요.

어린이들이 서로 짝을 지어 상대방의 재능과 능력, 환경에 대해 받은 것이 무엇인지 말해주고 적어보도록 한다.

- 친구가 말해준 내용과 내가 생각한 내용에 어떤 공통점이 있나요? 서로 다른 차이점은 무엇이 있나요?
- 하나님이 여러분에게 더 많은 것을 주셨으면 좋겠다고 생각하나요? 왜 그렇게 생각하나요?

서로에 대해서 관심을 갖고 살펴보니까 하나님이 여러분에게 많은 것을 주셨다는 것을 알았어요. 어떤 친구는 자신이 가진 것보다 더 많은 것을 원하는 친구도 있었어요. 어떤 친구는 다른 친구에게 있는 것을 원했어요. 더 이상 다른 것을 바라지 않고 자신이 가진 것에 대해 만족하는 친구도 있었어요. 내가 얼마나 많은 것을 받았는지 아는 것은 중요해요. 그러나 더 중요한 것은 내가 받은 것으로 어떤 일을 하느냐가 더 중요해요. 친구들은 하나님이 주신 것으로 무엇을 하나요? 내게 주신 것을 어떻게 사용해야 하나님이 기뻐하실까요? 하나님은 내게 주신 것을 알고 그 책임을 다하기를 원하세요. 오늘 우리가 배울 므나 이야기는 어떻게 책임을 다해야 되는지 가르쳐주고 있어요.

| 성경 이야기 | 책임

어린이들과 함께 누가복음 19장 11-27절을 읽고, 성경 이야기를 들려주라.

한 마을에 어느 귀족이 왕위를 받기 위해 먼 나라로 떠나게 되었어요. 왕위를 받아오면 그 귀족은 왕이 되는 거예요. 떠나기 전에 그 귀족은 자기를 위해 일하던 종들을 불러서 한 므나씩 맡기고 장사를 하라고 했어요. 한 므나는 일꾼 한 사람이 100일 동안 일한 품삯에 해당하는 돈이에요. 주인은 종들을 통해 돈을 벌려고 했다기보다 종들이 맡겨진 책임을 얼마나 잘 감당하는지 알아보려고 했던 것 같아요. 세 명의 종은 자기가 받은 돈을 가지고 각각 다르게 일을 했어요. 시간이 지나 주인이 왕위를 받아 돌아와서 제일 먼저 한 일은 돈을 맡기고 간 종들을 불러 그 종들이 얼마나 열심히 그 책임을 다했는지 평가하는 일이었어요. 첫 번째 종은 한 므나로 열 므나를 만들었어요. 주인은 아주 크게 그 종을 칭찬하고, 므나를 남긴 만큼 그에게 열 마을을 맡겨 다스리게 했어요. 두 번째 종은 한 므나로 다섯 므나를 만들었어요. 주인은 그 종도 기뻐하며 칭찬했어요. 그리고 그에게 다섯 마을을 다스리도록 했어요. 세 번째 종은 주인이 주고간 한 므나를 수건에 싸두었다가 그대로 가져왔어요. 그 종은 주인이 자기에게 일을 시켜 이익이 나면 다 빼앗아가고, 손해가 나면 그 손해를 자기에게 배상하게 할 것이라고 생각했어요. 그래서 그는 본전이라도 가지고 있으려고 그대로 수건에 싸두었다고 주인에게 이야기했어요. 그 종은 주인에게 심하게 혼나고 가지고 있던 한 므나마저 빼앗기고 말았어요. 예수님은 이 비유를 통해 어떤 사람들을 기뻐하시는지 보여주고 계세요. 예수님은 작게 남긴 것에 대해 책망하시는 것이 아니라, 책임을 다하지 않은 것을 책망하세요.

성경 이야기를 마치고 나면 질문하라.

- 주인이 아무것도 하지 않은 종을 그렇게 심하게 책망한 이유가 뭘까요?

하나님은 우리가 충성을 다해 하나님이 주신 재능이나 능력을 사용하여 유익한 것을 남겼을 때 우리를 기뻐하시고 칭찬하세요. 하지만 하나님이 주신 재능이나 능력을 전혀 사용하지 않고 낭비하는 사람은 책망하세요. 친구들이 하나님께 받은 것을 어떻게 사용할 수 있는지 이야기를 나누어보도록 하겠어요.

가정과 학교, 교회나 다른 여러 모임에서 어린이들이 각자 맡은 역할이 무엇이며, 어떤 책임이 있는지, 무엇을 할 수 있는지 어린이 교재에 적어보게 하라. 그리고 서로가 적은 내용을 돌아가면서 발표하도록 하라.

- 내가 맡고 있는 책임이 많아지기를 원하나요, 아니면 적어지기를 원하나요?
- 내가 맡고 있는 여러 가지 역할을 잘해내고 있다고 생각하나요? 자신이 맡은 책임을 완수하려면 어떻게 해야 할까요?

우리가 어떤 역할을 맡고 있든지 하나님은 우리가 맡겨진 일에 최선을 다해 책임을 완수하기를 원하세요. 집에 있을 때에는 좋은 식구가 되어야 하고, 학교에서는 훌륭한 학생이 되도록 열심히 공부도 하고 친구들과 사이좋게 지내야 해요. 우리는 모두 그리스도인으로서 멋진 삶을 살고 칭찬받는 사람이 되어야 해요.

| 마무리 | 책임을 다해요

성경책을 들어보이며 이렇게 말하라.

오늘 이 성경 속에서 하나님은 우리가 속한 모든 곳에서 최선을 다하라고 말씀하고 계세요. 여러분 모두가 하나님이 기뻐하시는 사람들이 되기를 원하세요. 선생님의 성경책을 옆에 친구에게 전달해주면서 이렇게 말해보세요. "OO야 하나님이 맡겨주신 책임을 다해." 선생님이 먼저 할게요.

교사가 먼저 시작하고, 성경이 교사에게로 다시 돌아오면 활동이 끝난다. 활동을 마친 후 질문하라.

- 어떻게 하면 우리에게 맡겨진 많은 일들을 믿음을 소홀히 하지 않고 해낼 수 있을까요?

서로 하는 일들은 다를 수 있어요. 그러나 하나님은 우리가 중요한 일들을 먼저 행함으로써 우리에게 맡겨진 여러 가지 책임을 다할 수 있도록 도와주세요. 또한 우리가 하나님을 의지하고 맡겨진 일에 최선을 다할 때 하나님은 기뻐하세요.

늘 함께하시며 어린이들 각자에게 많은 것을 주신 하나님께 감사하고 맡겨진 일에 최선을 다할 수 있도록 기도하라.

예수마당 성경공부 5

나의 책임

누가복음 19:11-27

✲ 하나님이 내게 주신 것에는 어떤 것이 있는지 아는 만큼 적어보세요.

✲ 친구의 재능과 능력, 환경에 대해 받은 것이 무엇인지 찾아보세요.

✲각각의 신분으로 내가 맡은 일은 어떤 것이 있나요?

학생 :

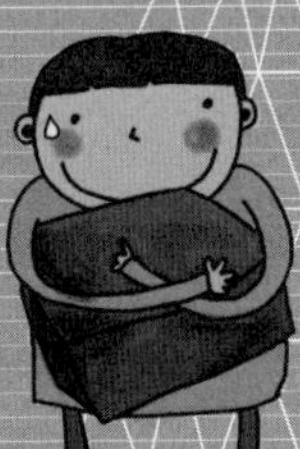

가족 :

그리스도인 :

6 자유다!

| **성경 본문** | 요한복음 8:31-36, 고린도전서 9:19-23

| **중심 성경 구절** | **"누구든지 네 연소함을 업신여기지 못하게 하고 오직 말과 행실과 사랑과 믿음과 정절에 대하여 믿는 자에게 본이 되어"**(딤전 4:12).

| **포인트** | **그리스도 안에서 얻은 참 자유로 다른 사람을 섬겨라.**

| **포인트 익히기** | 어린이들이 ➲ 자유로운 것이 어떤 느낌인지 체험하고 ➲ 예수님이 주신 참 자유가 무엇인지 알며 ➲ 자신의 자유로 다른 사람들을 섬기기로 결단하게 한다.

구분	활동 내용	준비물
배움터	**오 자유!** 자유와 부자유를 경험해본다.	공 모양의 과자
성경 이야기	**자유와 해방** 요한복음 8장 31-36절, 고린도전서 9장 19-23절을 읽고 진정한 자유에 대해 배워본다.	성경, 어린이 교재, 펜
마무리	**참된 자유의 의미** 활동을 통해서 우리에게 있는 자유로 어떻게 다른 사람들을 섬길 수 있는지 알아본다.	어린이 교재, 펜

성경 배경

어린이들은 성장하면서 어떤 친구를 사귀고 어떤 행동을 할 것인지와 같은 일상적인 선택을 스스로 내릴 수 있는 자유의 영역이 점점 확대되어간다. 자유하다는 것을 아는 것은 매우 중요하다. 그러나 어린이들은 정작 진정한 자유에 대해 알고 느끼며 성숙하게 자유를 행사하는 일에는 매우 미숙하다. 어린이들은 특히 하나님이 그분의 자녀들을 죄에서 자유케 하셨다는 사실에 대해 이해할 필요가 있다.

예수님 시대에 노예제도는 일상적인 현상이었다. 주전 3세기와 1세기에 걸쳐 로마가 수많은 나라를 정복하고 통치하는 동안 수천 명의 노예들이 로마 사회에 유입되었다. 그러나 초창기 그리스도인들이 살던 시기에 이르러, 노예를 야만스럽게 다루던 방식이 바뀌어 노예의 생명과 사회적 지위를 개선시켜주는 방향으로 발전하게 되었다. 그렇다 해도 예수님 당시나 이 시대에 사는 사람들이나 다른 사람의 종이 되기를 원하는 사람은 아무도 없다. 유대인들은 많은 침략과 고통의 역사를 가지고 있었다. 예수님 당시에도 그들은 로마의 지배를 받고 있었다. 이러한 유대인들에게 예수님은 자신의 제자가 되고 진리를 알 때에 자유케 되리라고 말씀하셨다. 유대인들은 아브라함의 자손인 자신들이 남의 종이 된 적이 없으므로 자유케 될 필요도 없다고 반박했다. 그러나 예수님은 유대인들을 향해 그들이 죄의 종이라고 말씀하셨다. 유대인들은 예수님이 자기들을 죄의 종이라 칭하셨을 때 예수님을 핍박했다.

고린도전서에서 바울은 자원해서 종이 되고자 했다고 선언한다. 이 선언은 참으로 흥미로운 말이다. 바울이 죄의 권능을 묘사하기 위해 종이라는 극단적인 표현을 사용한 것은 그가 얼마나 영적 자유를 중요하게 여기고 있는지를 잘 드러내주는 반증이다.

5 · 6학년 어린이들은 자유에 대해 알고 있다. 자유에는 능력이 있다. 그러나 새로운 자유를 얻기 위해서는 책임을 져야 한다는 것도 알아야 한다. 이 과에서는 예수님을 통해 죄에서 해방되고 그리스도인으로서 예수님처럼 스스로의 자유로운 의지로 다른 사람을 섬길 수 있도록 가르치라. 참된 기쁨은 예수님과 함께하는 섬김의 삶을 통해 나타난다는 것을 깨우쳐주라.

| 배움터 | 오 자유!

둥글고 작은 공 모양의 과자를 한 어린이마다 두 개 정도 돌아갈 수 있도록 준비하고, 미리 보여주지 않는다. 어린이들을 두 명씩 짝을 짓게 하고 마주보게 한다.

앞에 있는 친구와 가위, 바위, 보를 할 거예요. 진 친구는 두 손을 주먹 쥐고, 손등을 위로 하고 두 번째 손가락인 검지만 펴서 나란히 붙여보세요. 그리고 이긴 친구는 앞에 있는 친구의 나란히 편 검지를 한 손으로 잡으세요. 움직이지 못하게 꽉 잡으세요. 다됐나요? 선생님이 놓으라고 할 때까지 놓으면 안 돼요. 자 지금부터 간단한 간식을 먹을게요.

교사는 준비한 간식을 꺼내어놓는다. 가위, 바위, 보에서 진 친구들은 두 손이 잡혀 있으므로 먹을 수 없다. 이긴 친구만 나머지 한 손으로만 과자를 먹게 한다. 과자를 먹으면서 이긴 친구는 자기만 먹을 수도 있고, 손가락을 잡힌 친구를 먹여줄 수도 있다.

과자를 모두 먹으면 손을 놓게 하고, 진 친구에게 질문을 한다.

- 손이 잡힌 채 이긴 친구가 간식을 먹을 때 느낌이 어땠나요?
- 손이 자유롭지 못한 상태에서 간식을 먹기 위해 친구에게 어떻게 했나요?

그래요, 아마 평소에는 잘 느끼지 못했겠지만 자유롭지 못하다는 것이 얼마나 불편한지 알았을 거예요. 또 자유롭다는 것이 얼마나 좋은 것인지도 알았을 거예요.

우리 몸이 제대로 움직이지 못하면 답답하고 힘들어요. 가고 싶은 곳에 갈 수도 없고, 하고 싶은 것을 할 수도 없어요. 몸이 움직이지 못하면 마음도 답답하고 어려운 것이 많아져요. 이와는 반대로 몸에 자유를 얻게 되면 모든 것에서 편안함을 느낄 수 있었어요. 그런데 자유로워 보이는 많은 사람들 중에는 정말로 자유한 사람도 있고 보이지 않는 않는 무엇인가에 묶여 있는 사람이 있어요. 성경은 사람들이 죄의 노예가 되었다고 말하고 있어요. 그것은 보이지 않는 죄의 밧줄에 묶여 죄가 원하는 대로 살아간다는 말이에요.

그럼 죄로부터 자유로워지는 방법은 무엇일까요? 죄에서 해방되는 길은 오직 한 가지밖에 없어요. 바로 예수님 안에 있는 거예요. 예수님만이 죄의 영향을 받지 않는 유일한 분이세요. 그래서 예수님 안에 있는 우리는 참 자유를 누릴 수 있어요. 예수님 때문에 죄에서 자유로워진 우리는 다른 사람을 섬기는 삶을 살아야 해요.

| 성경 이야기 | 자유와 해방

어린이들을 두 모둠으로 만들라. 한 모둠에는 요한복음 8장 31-36절을 다른 모둠에는 고린도전서 9장 19-23절을 찾게 하라. 그리고 어린이 교재에 나와 있는 질문을 서로 의논하고 답을 적게 하라.

모두 적고 나면 성경 이야기를 들려주라.

오른쪽에 있는 모둠의 친구들이 읽은 요한복음 8장 31-36절에 보면 아주 중요한 단어가 나와요. 바로 '자유' 라는 단어인데, 그것이 얼마나 중요한지 강조하기 위해 이 짧은 본문 속에서 '자유' 라는 단어를 네 번이나 반복해서 사용했어요. 예수님은 율법에 매여 진정한 자유가 무엇인지 모르는 유대인들을 향해 예수님을 믿고 따르면 참 자유를 얻게 된다고 설명하셨어요. 그런데 스스로 아브라함의 자손이라고 생각하고, 누구에게도 종이 된 일이 없는 유대인들은 자신들이 죄에 매인 죄의 종이라는 사실을 모르고 있었어요. 예수님을 통해 죄에서 벗어나지 못하는 사람은 아무리 높은 자리에 있고, 아무리 이 세상 모든 것에서 자유롭다 해도, 죄에서는 자유로워질 수 없어요. 자기 힘으로는 불가능해요. 오직 예수님만 우리에게 자유를 주실 수 있어요. 그리고 예수님은 자신을 주님으로 믿는 모든 사람들을 죄에서 자유하게 해주셨어요. 여기 앉아 있는 친구들도 예수님을 주님으로 고백하고 따른다면 이미 자유로운 사람이에요.

그렇다면 예수님은 왜 우리에게 이런 자유를 주셨을까요? 사도 바울은 그 답을 왼쪽에 있는 모둠 친구들이 읽은 고린도전서 9장 19-23절에서 말씀해줬어요. 바울은 예수님이 우리를 죄에서 자유하게 해주신 이유는 아직까지 예수님의 복음을 못한 사람들을 섬기기 위해서라고 말씀하고 계세요. 사도 바울은 모든 것에서 자유한 신분이었지만 아직까지 복음을 듣지 못한 사람들을 섬기기 위해 스스로 종이 되는 선택을 했다고 말했어요. 우리도 주님이 주신 자유를 아직 죄에서 자유하지 못한 사람들을 위해 사용해야 한다고 말씀하고 계세요.

성경 이야기를 마치고 나면 질문하라.

- 여러분은 자신이 죄에서 자유하게 되었다는 것을 믿나요?
- 우리를 자유하게 하기 위해 예수님은 어떻게 하셨나요?

죄에서 자유로워지는 길은 오직 예수님을 믿는 것밖에 없어요. 바울은 예수님을 만난 후에 예수님을 전하는 데 자기의 모든 삶을 걸었어요. 예수님 안에서 자유를 경험한 우리도 다른 사람을 섬기며 복음을 증거할 수 있어요. 예수님의 희생으로 우리는 죄로부터 해방되었고 다른 사람을 섬길 수 있어요.

| 마무리 | 참된 자유의 의미

'공부 시간' 에 나와 있는 내용을 어린이들이 역할을 맡아서 연기를 하며 읽도록 하라. 교사용 교재에 나와 있는 해설 부분은 선생님이 읽는다.

예수님 안에서 자유하다는 것이 무엇을 의미하는지 알아보도록 하겠어요. 여러분이 '공부 시간' 에 있는 글을 읽으며 자유가 무엇인지 생각해보세요.

공부 시간

장면 1

해설: 민기는 내일 있을 시험 준비를 해야만 한다. 지금부터라도 열심히 공부하면 80점 이상은 받을 수 있을 것이다. 그래서 열심히 공부를 하고 있는데 가장 친한 친구인 태일이와 선숙이가 놀러왔다.

장면 2

해설: 민기와 태일이 그리고 선숙이는 신나게 자전거를 타고 놀았다. 아주 신나게 달릴 수 있는 멋진 코스도 새로 발견했고 모처럼 친구들과 즐거운 시간을 보냈다. 그러나 집에 돌아온 민기는 너무 피곤해 바로 잠이 들고 말았다. 다음날 세 사람은 수학 시험을 치르게 되었다.

- 민기와 친구들의 행동은 자유를 잘 나타내는 행동인가요?
- 우리가 가진 자유를 이용해 다른 사람을 넘어지게 하거나 시험에 빠뜨리는 일에는 어떤 것이 있을까요?

성경은 어떤 일에 대해서는 옳고 그름을 분명히 이야기하기도 해요. 그렇지만 옳고 그름을 분명하게 알 수 없는 경우에는 하나님을 위해 옳은 것이 무엇인지 먼저 생각해보고, 다른 사람에게 유익하고 좋은 것을 찾아 선택하고 행동해야 해요. 이것은 자기에게 있는 자유로 다른 사람에게 손해를 끼치거나 시험에 빠지게 해서는 안 된다는 말이에요. 예수님 안에서 자유를 얻은 사람은 다른 사람을 섬길 줄 알아야 해요.

오늘 여러분이 읽은 '공부 시간' 에서 보면 태일이와 선숙이는 따로 시험 공부를 할 필요가 없는 친구들이었어요. 그렇지만 민기는 아직 준비가 덜되어서 시험 공부를 해야 했어요. 결국 태일이와 선숙이는 자신의 자유를 행사하려다 본의 아니게 민기에게 해를 끼치게 된 거예요. 우리는 그리스도 안에서 죄로부터 해방된 참 자유인이지만 자유를 어떻게 사용할지는 늘 주의를 기울여야 해요. 하나님은 우리가 가진 자유로 다른 사람을 섬기는 데 사용하기를 원하세요.

어린이들과 함께 하나님이 주신 자유로 다른 사람을 섬길 것에 대해 결심하고 참 자유를 주신 하나님께 감사 기도를 하고 마치라.

예수마당 성경공부 6

자유다!

⇨ 요한복음 8:31-36, 고린도전서 9:19-23

요한복음 8:31-36

1. 예수님의 말씀에 거하면 어떤 변화가 일어날까요?
2. 유대인들은 예수님의 말씀에 어떻게 반응했나요? 그 이유는 무엇인가요?
3. 유대인들의 대답을 들은 예수님은 어떤 말씀을 하셨나요?
4. 여러분들은 진정한 자유를 얻었나요?

고린도전서 9:19-23

1. 바울은 모든 사람에게 어떤 삶의 태도를 갖고 있나요?
2. 바울이 스스로 종이 된 이유는 무엇인가요?
3. 바울이 여러 사람에게 복음을 전하고 사람들이 복음에 참여하게 하기 위해 어떻게 행동했나요?
4. 여러분들은 다른 사람에게 복음을 전하고 복음 안에서 자유케 하기 위해 어떤 행동을 했나요? 또한 어떤 행동을 할 건가요?

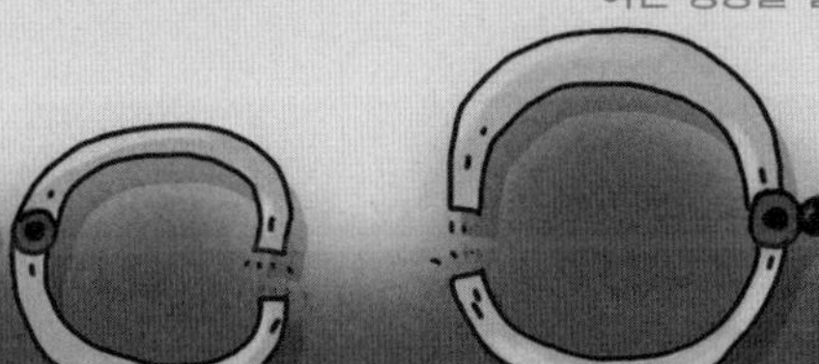

'자유'가 무엇인지 생각해보세요

장면 1

태일, 선숙: 민기야, 날씨도 좋은데 방 안에서 뭐하니?
민기: 너희들 왔구나. 공부하고 있었어. 내일이 시험이잖아. 그런데 웬일이니?
태일: 어, 자전거 타러 가자고. 우리가 어제 멋진 코스를 발견했거든.
민기: 난 시험 공부해야 하는데. 할머니 댁에 다녀오느라 공부를 못 했거든.
선숙: 별로 어렵지 않은 과목이잖아. 잠깐 타고 와서 저녁에 하면 될 거야. 같이 가자.
민기: 그럼 그럴까? 좋아. 같이 가자. 너희 둘이 가는데 내가 빠질 수는 없지!

장면 2

민기: 어떻게 해! 시험 다 망쳤네. 엄마랑 열심히 하기로 약속했는데….
태일: 민기야, 시험 잘 봤니? 별로 어렵지 않았지?
선숙: 그러게. 나도 공부한 문제들이 많이 나와서 쉽게 풀었어.
민기: (고개를 푹 숙이고) 너희는 잘 봤나 보구나…. 난 망쳤는데. 어떡하니.
엄마랑 약속했는데. 난 몰라!!!

7 리더십 훈련

| 성경 본문 | 고린도전서 10:31-11:1

| 중심 성경 구절 | "누구든지 네 연소함을 업신여기지 못하게 하고 오직 말과 행실과 사랑과 믿음과 정절에 대하여 믿는 자에게 본이 되어"(딤전 4:12).

| 포인트 | 모범을 보이는 지도자가 되라.

| 포인트 익히기 | 어린이들이 ◐ 여러 유형의 지도자의 모습을 살펴보고 ◐ 사도 바울을 통해 진정한 지도자의 특성을 배우며 ◐ 진정한 지도자로서 살기로 결심하게 한다.

구분	활동 내용	준비물
배움터	**이런 지도자, 저런 지도자** 훌륭한 지도자와 그렇지 못한 지도자의 특성을 살펴보고 정리해본다.	어린이 교재, 펜
성경 이야기	**모범을 보이는 지도자** 사도 바울을 통해 훌륭한 지도자는 어떻게 모범을 보이는지 알아보고 그런 지도자에게 어떤 능력이 있는지 배운다.	성경
마무리	**리더가 되어** 삶 가운데서 지도자로서 살기로 결심한다.	어린이 교재, 펜

| 성경 배경 |

5 · 6학년 어린이들도 다른 사람을 이끄는 지도자의 역할을 맡고 있거나, 머지 않아 공식적으로 다른 사람들 앞에 서는 자리에 있게 될 것이다. 중요한 것은 그들이 의식하고 있든, 그렇지 않든 여부에 상관없이 그들은 다른 사람들에게 본이 되어야 하는 그리스도인이며 계속해서 다른 사람들로부터 주목을 받으며 살아갈 것이라는 사실이다.

마케도니아에 있는 바울이 에베소에 있는 디모데에게 쓴 편지가 바로 디모데전서다. 바울은 황제 숭배 사상이 교회에까지 스며든 것을 보고, 이 사상이 성도들에게 좋지 않은 영향을 줄 수 있다고 생각하여 디모데에게 믿음과 가르침에 착념하라고 권면한다. 또한 디모데전서 4장에서는 여러 가지 주제를 놓고 구체적인 조언을 해주고 있다. 또한 11-16절에서는 목회자로서의 임무에 관해서도 말하고 있다. 바울은 젊은 디모데가 믿음을 통하여 목회자로서의 삶 가운데서 성도들을 바로 인도하는 리더가 되도록 용기를 심어주고 있다. 바울의 제자이며 영적 아들인 디모데도 다른 젊은 리더들과 마찬가지로 한 가지 문제를 가지고 있었다. 그것은 어떻게 하면 자신보다 나이도 많고 경험도 많은 사람들을 가르칠 수 있는가 하는 문제였다. 바울은 디모데에게 지도자의 능력은 커다란 목소리로 명령을 내리는 것에 있는 것이 아니라 솔선수범하여 본을 보이는 데 있다고 말한다.

여러분이 맡고 있는 어린이들이 자신에게는 다른 사람들을 이끌 만한 자질이 없다고 생각할 수도 있다. 본문 말씀은 바로 그러한 어린이들도 리더가 될 수 있다고 말씀하고 있다. 어린이들이 그리스도를 세상에 나타낼 수 있는 목표를 높이 세우도록 도우라. 또한 믿음과 말씀과 행실을 통하여 비록 어리지만 그들도 주위 사람들에게 그리스도인으로서의 본을 보일 수 있다는 확신을 갖도록 이끌어주라.

| 배움터 | 이런 지도자, 저런 지도자

어린이들을 두 모둠으로 나누고 어린이 교재를 활용하여 좋은 지도자와 나쁜 지도자의 모습을 서로 토의하여 적게 하고, 발표하여 서로 비교해본다. 지도자를 학교 교사나, 정치가, 교회 목사님 등으로 한정시켜서 진행해도 좋다.

- 좋은 지도자의 공통점은 무엇인가요?
- 나쁜 지도자의 공통점은 무엇인가요?
- 여러분은 어떤 지도자가 되고 싶나요?

지도자가 되기를 원하는 사람들은 많아요. 그러나 어떻게 해야 좋은 지도자가 되는지, 또 지도자가 되기 위해 어떻게 살아야 하는지에 대해서는 잘 모르는 경우가 많아요. 하나님은 우리 모두가 지도자가 되기를 원하세요. 더욱 멋있게 자라 지도자로서 훌륭하게 살아나가기를 원하세요. 그렇게 되려면 어떻게 해야 할까요?

여러분은 지금 당장은 한 단체나 국가를 이끌 역할을 맡고 있지는 않아요. 그렇지만 여러 가지 점에서 여러분은 이미 지도자라고 할 수 있어요. 예를 들어 나이 어린 동생이 있으면 여러분은 동생들의 지도자가 되는 거예요. 그리고 여러분이 예수 믿는 사람의 향기를 드러내면 어른들에게도 지도자로서 모습을 보여줄 수 있어요. 지도자는 하나님의 사람으로 다른 사람들에게 영향력을 드러내는 사람을 말하기 때문이에요. 하나님은 우리가 모범을 보이는 지도자가 되기를 원하세요. 오늘은 모범을 보이는 지도자가 된다는 것은 무슨 의미인지, 또 어떻게 그런 지도자가 될 수 있는지 배우겠어요.

| 성경 이야기 | 모범을 보이는 지도자

어린이들과 함께 고린도전서 10장 31절에서 11장 1절을 읽고, 성경 이야기를 들려주라.

성경에서는 모든 백성들이 인정하는 제사장들이나 바리새인들을 진정한 리더라 말하지 않고, 사도 바울을 진정한 리더로 말씀하고 있어요. 그래요. 사도 바울은 정말 진정한 리더였어요. 사도 바울이 배운 것이 많거나, 가진 재산이 많아서, 혹은 청중에게 감동을 주는 설교를 잘해서 진정한 리더로 인정하고 있는 것이 아니에요. 사도 바울은 제사장들이나 바리새인들 리더들과는 다른 점이 있었어요. 그는 자신이 말한 것은 스스로 행동으로 보여주는 리더였다는 점이 달랐어요. 제사장들이나 바리새인들은 항상 말은 그럴듯하게 하고, 하나님 말씀대로 살라고 날마다 강조했지만 실제로 자신들은 말씀대로 살지 않았어요.

고린도 교회 안에는 특별히 믿은 지 얼마 안 되어 믿음이 약한 교인들이 많았어요. 그래서 율법이 요구하는 것을 제대로 지킬 수 없어 실망한 사람들이 많았어요. 제사장들이나 바리새인들은 항상 율법에 따라 그들을 정죄할 뿐, 어디로, 어떻게 인도해야 될지 몰랐던 거예요. 그러나 바울은 그리스도 안에서 진정한 자유가 무엇인지 말해주고, 말씀을 따라 사는 모범을 보이는 나를 본받으라고 말하고 있어요.

진정한 지도자는 자신이 말한 대로 행하면서 자신을 본받으라고 하는 사람이에요. 하나님은 우리 모두가 지도자가 되기를 원하세요. 똑똑하고 능력 있는 사람들만 지도자가 되는 것은 아니에요. 다른 사람에게 영향력을 줄 수 있는 사람은 모두 지도자예요. 우리는 하나님의 말씀대로 살면서 말씀의 영향력을 다른 사람들에게 보여주는 지도자가 될 수 있어요.

성경 이야기를 마치고 나면 질문하라.

- 사도 바울이 능력 있는 지도자였던 이유는 무엇인가요?
- 여러분은 영향력 있는 지도자인가요?
- 사도 바울과 같이 능력 있는 지도자가 되기 위해 우리가 지금 할 수 있는 일에는 무엇이 있을까요?

지도자로서 다른 사람을 이끄는 방법에는 여러 가지가 있어요. 그렇지만 좋은 지도자들에게는 한 가지 공통점이 있어요. 좋은 지도자는 말로만 사람들을 이끌지 않고 행동을 통해 솔선수범을 보여줘요. 하나님은 우리가 지도자로서 모범을 보이기를 원하세요. 왜냐하면 사람들은 이렇게 모범을 보이는 지도자의 행동을 보며 배울 수 있고 또 신뢰할 수 있기 때문이에요. 여러분이 이런 지도자가 되기를 바래요. 말만 하는 지도자가 아니라 모범을 보이는 지도자 말이에요. 정말로 존경받는 모범을 보이는 지도자가 되겠다고 지금 이 시간 결단하기로 해요.

| 마무리 | 리더가 되어

지도자가 되어 다른 사람을 인도하는 데에는 여러 가지 방법이 있어요. 때로는 묵묵히 무엇이 옳은 것인지 행동으로 보여줄 때도 있고, 때로는 다른 사람으로 하여금 무언가 행할 수 있도록 용기를 북돋아줄 때도 있어요. 또 아무도 따르는 사람이 없더라도 혼자서 끝까지 하나님을 따라야 할 때도 있어요.

어린이 교재를 펴게 하라.

지금부터 잠깐 동안 하나님께 기도하고 하나님이 원하시는 것이 무엇인지 생각하고 하나님께 지도자로서의 삶을 살겠다고 결심하는 시간을 갖도록 하겠어요. 하나님은 여러분이 가정 안에서 다른 식구들을 섬기는 지도자가 되기를 원하실 수도 있고, 학교에서 다른 친구들에게 예수님의 향기를 드러내는 리더가 되기를 원하실지도 몰라요. 이제 자기가 어떤 영역에서 어떤 리더가 될지 마음을 정했으면, 여러분 교재의 '리더가 되어' 부분에 여러분의 결심을 써보는 시간을 갖도록 하겠어요.

어린이들이 모두 쓰고 나면 발표하게 하고 칭찬해주라.

하나님은 여러분이 모범을 보이는 리더가 되기를 원하세요. 금방 다짐했던 것처럼 하나님이 기뻐하시는 좋은 리더가 되길 바래요.

어린이들이 다짐한 대로 살 수 있도록 기도해주고 마치라.

| 어린이 교재 한눈에 보기 |

예수마당 성경공부 7

리더십 훈련

고린도전서 10:31-11:1

☆좋은 지도자의 공통점은 무엇인가요?

☆나쁜 지도자의 공통점은 무엇인가요?

☆이런 지도자가 되겠어요.

8 두려움과 맞서서

| 성경 본문 | 요한복음 14:25-27

| 중심 성경 구절 | "누구든지 네 연소함을 업신여기지 못하게 하고 오직 말과 행실과 사랑과 믿음과 정절에 대하여 믿는 자에게 본이 되어"(딤전 4:12).

| 포인트 | 하나님의 도우심으로 두려움에 맞서라.

| 포인트 익히기 | 어린이들이 ◐ 갖고 있는 두려움이 어떤 것인지 살펴보고 ◐ 하나님이 어떤 능력으로 보호하시는지 탐구하며 ◐ 두려움과 맞서는 방법을 알게 한다.

구분	활동 내용	준비물
배움터	**무슨 걱정이라도 있나요?** 자신의 걱정거리에 대해 서로 이야기해본다.	제비뽑기 종이
성경 이야기	**둘이 하나가 되어** 요한복음 14장 25-27절을 읽고 하나님의 보호하심에 대해 살펴보고, 신뢰가 무엇인지 활동을 통해 알아본다.	성경, 어린이 교재, 펜
마무리	**하늘과 땅 차이** 하나님이 함께 나와 함께하신다는 사실을 기억하고 모든 두려움에서 힘을 얻는다.	어린이 교재, 펜

성경 배경

5·6학년 어린이들은 많은 두려움에 직면하고 있다. 친구들과 잘 어울리고 싶어하고, 라이벌과의 싸움에서 이기고 싶은 갈등으로 인해 두려움을 느끼기도 한다. 그뿐만 아니라 물질만능주의와 개인주의가 만연한 현대 사회의 폭력성과 이교적인 문화의 영향에 위협을 받고 있다. 이러한 외부의 도전 가운데 어린이들은 그들이 직면하는 두려움을 어떻게 해결해야 하는지 알지 못하고 있다.

요한복음은 예수님과 하나님과의 사이에서 아버지와 아들의 관계를 특히 강조한다는 점에서 다른 복음과 구별된다. 요한복음 곳곳에서 예수님이 하나님의 아들임을 분명히 보여주고 있다. 이 사실은 예수님이 하나님을 아버지로 인식하고 의지하고 있음을 보여주는 여러 관련 구절을 통해 알 수 있다. 예수님은 자신에게 다가오는 고난과 죽음을 알고 계셨다. 예수님의 말씀은 제자들에게 너무도 충격적인 예언들이었다. '열두 제자 가운데 하나가 주님을 배반할 것이다, 주님은 앞으로 잠시 동안만 제자들과 함께 계실 수 있다, 베드로는 닭이 울기 전에 주님을 세 번 부인할 것이다.'

두려움과 혼란 속에 빠진 제자들에게 주님은 그 모든 두려움을 이겨낼 수 있도록 위로와 확신의 말씀을 들려주셨다. 그리고 제자들을 돕도록 보혜사 성령님을 보내주시겠다고 약속하셨다. 실제로 성령의 능력으로 제자들은 예수님의 복음을 온 세계에 전하라는 막중한 임무를 기꺼이 감당하게 되었다.

5·6학년 어린이들도 험한 세상 가운데서 살아갈 때 두려움과 혼란이 있다는 것을 알고 있다. 그러나 이러한 두려움과 혼란을 어떻게 이겨낼 수 있는지에 대해서는 잘 알지 못한다. 쉽고 편하게 성장이 이루어지는 것은 아니다. 특히 이 시기에는 신체의 발달이 너무도 급격히 이루어지기 때문에 때로는 거울에 비친 자기 모습이 낯설게 느껴지기도 한다.

학교와 집에서의 어린이들에 대한 점점 높아지는 기대는 종종 그들의 능력을 넘어서기도 한다. 예수님이 제자들에게 평안과 확신의 말씀을 주셨듯이 어린이들이 느끼는 두려움을 극복할 수 있도록 하나님은 그들을 사랑하시고, 그들과 함께 동행하시며, 삶 가운데 어떤 일이 일어나도 평강을 주신다는 사실을 확실히 주지시켜주라. 그들을 결코 혼자가 아니라는 사실을 알려주고 하나님의 도우심으로 어떤 두려움도 맞서서 이길 수 있음을 가르치라.

| 배움터 | 무슨 걱정이라도 있나요?

제비뽑기할 수 있는 종이를 미리 준비하여 종이 끝에 어린이들이 고민하고 있는 여러 가지 주제를 쓴다. 예를 들어 외모나 신체, 학교, 가정, 학원, 친구, 동생, 미래 등. 어린이들이 한 명씩 제비를 뽑아 밑에 씌어 있는 주제에 대한 고민을 이야기하게 한다. 반 어린이들이 모두 돌아가면서 함께 고민을 들어본다. 먼저 교사가 시작해서 고민을 내어놓는 것도 좋은 시작이 될 것이다.

오늘은 걱정과 두려움에 관해 배우겠어요. 두려움이 모두 나쁜 것만은 아니에요. 예를 들어 높은 곳에 올라가면 무서움을 느끼게 돼요. 그런 무서움 때문에 더 조심스럽게 행동하게 되어 다치지 않을 수 있죠. 그렇지만 대부분의 두려움은 우리 삶에 별 도움이 되지 않아요. 두려움은 우리가 반드시 해야만 하는 일을 하지 못하게 만들기도 해요. 예를 들어 상대방이 거부하거나 웃음거리가 될까 두려워 예수님을 전하지 못하는 경우가 많아요. 오늘 우리가 가진 걱정이나 두려움을 함께 나누고 극복하는 시간이 갖기로 해요. 그런데 걱정거리와 두려움을 말하기가 쉽지는 않아요. 그래서 선생님이 먼저 시작하겠어요. 각자 자신이 뽑은 제비에 나오는 주제에 대한 걱정거리나 두려움을 하나씩 이야기하기로 해요.

• 이런 걱정거리가 생활에 어떤 영향을 미치나요?
• 이런 걱정거리에 친구들은 어떻게 반응하나요?
• 혹시 걱정을 넘어서 두렵기까지 한 것이 있나요?

누구에게나 걱정거리나 두려워하는 것이 있기 마련이에요. 그런데 그 걱정거리나 두려움을 상대하는 방법은 사람마다 달라요. 걱정이나 두려움이 생기면 어떻게 해야 할까요? 하나님은 우리가 어떤 걱정거리와 두려움을 가지고 있든지 그 두려움과 맞설 수 있도록 도와주세요.

| 성경 이야기 | 둘이 하나가 되어

어린이들과 함께 요한복음 14장 25-27절을 읽고, 성경 이야기를 들려주라.

예수님은 이땅에 계속 계실 분이 아니세요. 예수님은 이땅에서의 일을 마치면 하나님 아버지가 계신 하늘나라로 가신다고 제자들에게 말씀하셨어요. 제자들은 걱정이 되었어요. 예수님과 함께라면 힘센 귀신도, 자신을 감옥에 가두려는 바리새인도, 성난 파도도 무서울 것이 없었는데, 그 예수님이 자기들을 떠난다고 하시니까 제자들은 "이제 우린 어떻게 살지" 하는 두려움에 휩싸

였어요. 예수님은 이런 제자들의 마음을 아시고 "걱정하지 말라. 너희는 나를 믿기만 하라"고 말씀하고 계세요. 왜냐하면 제자들만 홀로 이땅에 두고 가지는 않으실 것이기 때문이에요. 예수님은 자기 대신에 제자들을 도울 보혜사 성령님을 보내주셔서 늘 함께해주시겠다고 약속하셨어요. 보혜사는 도와주고, 인도해주며, 억울한 일이 있으면 변호해주는 사람을 뜻하는 말이에요. 또한 이 성령님은 예수님이 가르쳐주신 것을 기억나게도 해주시고, 무엇을 말해야 할지도 생각나게 해주신다고 하셨어요. 예수님 대신 이땅에서 제자들과 동행해주시기로 한 보혜사 성령님은 예수님을 믿는 사람과 언제, 어디서나 동행해주세요.

그런데 예수님은 보혜사 성령님을 제자들에게만 약속하신 것이 아니에요. 그 약속은 지금 우리에게도 주어졌어요. 우리 친구들도 예수님을 믿기만 하면 보혜사 성령님은 우리와 함께해주시고 도와주세요. 혼자인 것처럼 느껴질 때에도 우리는 혼자가 아니에요. 그래서 예수님은 우리에게도 두려워하지 말라고 말씀하고 계세요. 보혜사 성령님이 우리를 도우실 때 우리는 어떤 두려움도 이길 수 있어요. 성령님은 하나님이세요. 온 세상의 주인이신 하나님이 우리와 함께하시면 어떤 두려움 앞에서도 당당할 수 있어요.

성경 이야기를 마치면 어린이 교재를 펴게 하고, 교재에 있는 다음 질문을 답하게 하라.

- 하나님이 우리를 보호하실 것이라는 점을 어떻게 알 수 있나요?
- 어떻게 하면 마음에 근심하지 않을 수 있을까요?
- 하나님이 여러분이 예상하지 못했던 방법으로 두려움을 이겨내도록 도와주신 적이 있나요?

우리가 하나님의 도우심을 믿고 하나님을 의지하는 것은 매우 중요해요. 하나님이 우리를 도우실 때 우리는 어떤 두려움도 이길 수 있어요. 하나님은 자기 아들을 우리 대신 죽게 하실 정도로 우리를 사랑하셨어요. 그런 하나님이 우리에게 두려워할 필요가 없다고 말씀하세요. 그래요. 우리는 두려워할 필요가 없어요. 하나님은 우리가 두려움과 맞설 수 있도록 도와주세요. 우리는 자라면서 힘들고 어려운 일들을 계속 만날 거예요. 그러나 하나님의 도우심으로 우리는 그 모든 어려움과 두려움을 이겨낼 수 있어요.

| 마무리 | 하늘과 땅 차이

어린이 교재 도표를 이용해 하나님과 함께하는 것이 얼마나 든든한 것인지 깨닫게 한다.

하나님의 사람들이 두려워하지 않을 수 있는 이유는 하나님이 항상 우리와 함께하시기 때문이에요. 우리가 어떤 곳에 있든지, 무엇을 하든지 하나님은 우리를 지켜보고 계세요.

하나님이 내 곁에 계신다는 믿음을 가질 때 두려움에서 벗어날 수 있어요. 여러분들 교재에 나오는 표에 혼자 있다고 생각할 때와 하나님이 함께하신다는 것을 믿을 때 어떤 차이가 있는지 한번 써보세요.

모두 쓰고 나면 선생님께 집중하게 한다.

두려움을 느낄 때 우리는 하나님이 우리를 지켜주신다는 사실을 기억해야 해요. 어떤 힘들고 어려운 일이라도 하나님은 우리가 두려움과 맞설 수 있도록 도와주세요. 하나님은 그 어떤 두려운 존재들보다 훨씬 더 강하신 분이시기 때문이에요. 그 하나님이 우리와 함께해주신다고 약속하셨어요. 우리는 두려워할 필요가 없어요. 우리에게 두려운 일들이 일어날 때마다 하나님은 우리를 지키시고 도와주세요. 하나님이 보호하시고 도우신다는 사실을 믿고 두려움을 이길 수 있어요.

어린이들이 걱정과 두려움에서 벗어날 수 있도록 기도하고 마치라.

예수마당 성경공부 8

두려움과 맞서서

요한복음 14:25-27

요한복음 14장 25-27절을 읽고 답하세요.

1. 하나님이 우리를 보호하실 것이라는 점을 어떻게 알 수 있나요?

2. 어떻게 하면 마음에 근심하지 않을 수 있을까요?

3. 하나님이 여러분이 예상하지 못했던 방법으로 두려움을 이겨내도록 도와주신 적이 있나요?

어떤 차이가 있을까요?

혼자 있다고 생각할 때		하나님이 함께하신다는 것을 믿을 때
	어두운 길을 혼자 갈 때	
	친구를 전도할 때	
	부모님이 싸우실 때	
	전교생 앞에서 연설할 때	
	기도할 때	

가족

제9과	**제목**	**하나 되는 가족**
	포인트	부모님을 공경하라.
	성경 본문	에베소서 6:1-3
제10과	**제목**	**대화의 열쇠**
	포인트	올바른 대화로 가족을 굳게 세워라.
	성경 본문	야고보서 1:19-20
제11과	**제목**	**소중한 가족**
	포인트	가족의 소중한 일원이 되라.
	성경 본문	창세기 37:3-11
제12과	**제목**	**사랑의 동그라미**
	포인트	조건 없이 가족을 사랑하라.
	성경 본문	베드로전서 4:8-11

이땅에 가족이 처음 생긴 이후로 가족 안에는 끊임없이 다툼과 질투와 거짓말 같은 문젯거리가 존재해왔다. 아담은 자기 잘못을 하와의 탓으로 떠넘겼고, 가인은 동생 아벨을 죽였으며, 야곱은 아버지와 형을 속여 축복을 가로챘다. 이밖에도 더 많은 예를 들 수 있는데, 그런 이야기는 바로 오늘날 우리 가족들이 직면하고 있는 문제와 너무도 일치한다.

가족 문제는 이제 막 자아 정체성을 발견하고 확립시켜나가는 5 · 6학년 어린이들에게 커다란 문제로 자리 잡게 된다. 때로 5 · 6학년 어린이들의 성급한 자기 확인은 식구들 간의 싸움으로 번지기도 한다. 그리고 그런 와중에서 어린이들은 이런 문제투성이 가족이 정말 자기에게 필요한지 의문을 품기도 한다.

그러나 어린이들은 자기가 가정에서 중요한 역할을 맡고 있다는 것과 다른 식구들도 모두 중요한 가족의 일원임을 깨달아야 한다. 다른 식구들을 비난하기에 앞서 자기 행동이 다른 식구들에게 어떤 방식으로 도움이 되거나 방해가 되는지 배워야 할 필요가 있다.

이번 단원은 가족을 향한 하나님의 뜻이 무엇인지 배울 수 있도록 구성되어 있다. 이 단원은 가족이라는 주제를 효과적으로 배우기 위해 각 과를 시작하면서 어린이들끼리 하나의 가족을 만들고, 그 가족 관계 안에서 활동과 학습을 진행할 수 있게 했다. 이번 단원을 통해 어린이들이 가족 관계에서 하나님의 친밀하신 사랑과 서로를 향한 사랑을 경험할 수 있도록 인도하라. 능력이나 소유, 외모로 판단받는 이 세상을 살아가면서 어린이들은 조건없이 그들을 품어주시는 하나님의 사랑을 제한적이나마 가족을 통해 느낄 수 있을 것이다.

9 하나 되는 가족

| **성경 본문** | 에베소서 6:1-3

| **중심 성경 구절** | **"사랑엔 거짓이 없나니 악을 미워하고 선에 속하라 형제를 사랑하여 서로 우애하고 존경하기를 서로 먼저 하며"**(롬 12:9-10).

| **포인트** | 부모님을 공경하라.

| **포인트 익히기** | **어린이들이 ◐ 부모님의 역할을 감당하는 것이 얼마나 어려운 일인지 알아보고 ◐ 자녀로서 어떻게 순종해야 할지를 배우며 ◐ 부모를 공경할 것을 결심하게 한다.**

구분	활동 내용	준비물
배움터	**내가 만약 부모님이라면** 부모의 입장이 되어 무엇을 결정한다는 것이 얼마나 힘든 일인지 안다.	어린이 교재, 펜
성경 이야기	**하나님의 명령** 자녀로서 하나님이 세우신 부모님을 어떻게 섬겨야 할지 배운다.	성경
마무리	**하나님의 복** 부모님을 공경할 때 하나님이 어떤 복을 주시는지 안다.	어린이 교재, 펜

| 성경 배경 |

이 시대를 가리켜 가정이 붕괴된 시대라고들 한다. 이러한 시대에 하나님이 부모와 자녀들을 돌보신다는 사실을 깨닫는 것은 커다란 위로가 된다. 사도 바울은 에베소서에서 가정을 세우고 바른 관계를 유지하는 방법을 권면하면서 이 메시지를 분명히 전해주고 있다. 바울은 또한 부모와 자녀 모두에게 감당할 책임이 있다는 것을 밝힌다.

5 · 6학년 어린이들은 때때로 부모님과 냉전을 치르기도 한다. 어린이들은 더 많은 자유를 원하고 부모님들은 자녀들에게 원칙을 고수하려 한다. 만일 5 · 6학년 어린이들이 자기 식구들에게 대하듯이 함부로 친구들을 대한다면 그들 대부분은 친구 하나 없이 지내게 될 것이다. 어린이들은 청소년들과 비교하면 해야 할 의무는 더 많은데 자유는 더 적게 누린다는 것에 대해 많은 갈등을 겪고 있다. 자신보다 어린 동생들을 상대할 때는 형과 언니로서 책임을 져야 하지만, 부모님이 돌아오시면 다시 어린이로 돌아가게 된다.

이러한 전환이 익숙하지 않은 어린이들은 부모님께 공손하지 못한 태도를 보이거나 형제들과의 사이에서 이기적인 모습을 보인다. 이런 어린이들에게 하나님이 가족을 얼마나 소중하게 여기시는지 알게 하고 자녀로서 부모님께 해야 할 책임이 있음을 가르치라.

| 배움터 | 내가 만약 부모님이라면

어린이 교재를 펴게 하고 말하라.

우리들이 속해 있는 많은 모임 중에 가족은 가장 소중하면서도 가장 소홀하기 쉬운 모임이에요. 어떤 모임이든 다 각자 맡은 역할이 있는데 오늘은 가족 중에서 역할을 한번 바꾸어보고 서로에 대해 생각해보는 시간을 갖겠어요. 여러분 교재에 보면 각각의 상황이 나와요. 여러분이 부모님이라면 이런 상황에서 자녀에게 어떻게 이야기하고 어떤 결정을 내려야 할지 여러분의 교재에 적어보세요. 반드시 부모님의 입장에서 생각해야 한다는 것과, 결정한 것에 대해서는 분명한 책임도 있다는 사실을 꼭 기억해주세요.

1. 민수는 집에 오자마자 씻지도 않고 컴퓨터 게임만 두 시간째 하고 있어요.
2. 민정이는 부모님이 생일 선물로 백화점에서 예쁜 새 옷을 사주기를 바랬어요. 그런데 부모님은 지난 주에 사준 옷이 있다고 선물로 책을 사주셨어요. 실망한 민정이는 토라져서 밥도 안 먹고 있어요.
3. 온 가족이 이번 주 토요일에 할아버지 댁에 가기로 했어요. 할아버지 생신이거든요. 그런데 신재는 친구들이랑 축구를 하고 싶어서 가지 않겠다고 해요.

다 하고 나면 서로 돌아가면서 발표하게 하라. 혹시 어린이들이 무책임하거나, 자기 위주의 결정을 하게 되면 예상되는 결과에 대해서 말해주고, 책임 있는 결정을 내릴 수 있도록 도와주라.

- 부모로서 자녀에게 어떤 얘기를 해주었나요?
- 그리고 어떤 결정을 내렸어요? 그런 결정을 내린 이유는 무엇인가요?

부모님은 늘 가족 전체의 행복을 생각해서 결정을 내려야만 해요. 그래서 때로 부모님들은 우리가 하기 싫은 것도 시키고, 하고 싶어하는 것은 하지 말라고 말씀하기도 해요. 부모님의 결정이 마음에 들든, 들지 않든, 부모님은 우리를 사랑하시고 우리가 올바로 자라기를 바라세요. 하나님은 우리를 위해 애쓰시는 부모님께 늘 순종하고 공경하라고 말씀하세요. 그렇다면 우리는 자녀로서 어떻게 부모님을 섬겨야 할까요?

| 성경 이야기 | 하나님의 명령

어린이들과 함께 에베소서 6장 1-3절까지 읽고, 성경 이야기를 해주라.

어느 누구도 가족을 선택해서 태어나는 사람은 없어요. 그러나 어떤 가족에 속해 있든 가족은 우리가 속해 있는 어떤 모임보다도 소중한 모임이에요. 가족은 하나님이 세우신 제도예요. 서로를 위해 자신의 역할을 잘 감당하면서도 온 가족이 하나라는 사실을 잊지 말아야 해요. 서로를 위해 섬기고, 가족의 머리로 세우신 부모님께 순종하며 온 가족이 마음을 모을 때 하나님이 기뻐하시는 한 가족이 될 수 있어요.

오늘 함께 읽은 본문에서는 자녀들인 우리가 부모님을 어떻게 섬겨야 할지 두 가지로 말씀하고 있어요. 먼저 순종하라고 말씀하세요. 앞서 이야기했지만 가족의 머리로 부모님을 세우셨어요. 부모님이 가족 중에서 나이가 제일 많기 때문이거나, 돈을 제일 많이 벌기 때문이 아니라, 하나님이 부모님을 가족의 우두머리로 세우셨기 때문이에요. 그래서 자녀들은 부모님께 순종해야 해요. 이것이 부모님이 우리 생각에는 순종할 수 없을 것 같은 결정을 내리셔도 순종해야 하는 이유예요. 성경은 이것을 바른 자녀의 모습이라고 말씀하고 있어요.

두 번째로 사도 바울은 자녀들에게 부모님을 공경하라고 말씀하고 있어요. 공경이란 말은 부모님을 대할 때 무거운 물건을 드는 것처럼 최선을 다하라는 의미예요. 부모님이 말씀하시면 그 말에 가치를 두고, 행동하는 걸 의미해요. 그리고 공경에는 존경한다는 의미도 포함되어 있어요. 부모님은 여러분을 낳아주시고 길러주시는 분이세요. 그리고 우리를 이 세상에서 가장 사랑하는 분이세요. 우리에게 그렇게 큰 사랑을 주신 부모님을 존경한다는 것은 당연한 일이에요.

성경에서 부모님을 공경하라는 것은 단순히 예의를 지키는 차원이 아니라 하나님의 명령이에요. 하나님은 이 명령을 지키는 사람에게는 이땅에서 잘되는 복까지 주신다고 약속하셨어요.

성경 이야기를 마치고 나면 질문하라.

- 자녀들이 부모님께 순종하고, 부모님을 공경하면 그 가족은 어떻게 될까요?
- 부모님의 생각과 여러분의 생각이 다를 때도 부모님을 공경하려면 어떻게 하면 될까요?

맞아요. 여러분 생각은 어떤지 말씀드리고, 부모님은 왜 그런 생각을 하시는지 공손하가게 듣는 거예요. 때로는 부모님의 결정이 여러분 마음에 들지 않을 수도 있지만, 여러분이 부모님 의견을 잘 듣고 순종하면 부모님은 여러분의 공손하고 순종하는 태도 때문에 여러분을 더욱 존중해주고, 여러분의 행동이나 의견도 믿어주실 거예요.

하나님은 우리에게 부모님을 공경하고 부모님께 순종하라고 말씀하세요. 하나님은 오늘 말씀을 통해서 우리에게 가족들이 서로를 어떻게 대해야 하는지 분명한 규칙을 정해주셨어요. 조건이나 마음이 내킬 때만 부모님을 공경하고 순종하는 것은 순종이 아니에요. 하나님은 우리가 자발적으로 부모님을 공경하고 부모님의 뜻에 순종하기를 원하세요.

| 마무리 | 하나님의 복

부모님께 순종하고, 공경하는 이들에게 하나님이 어떤 복을 주신다고 하셨나요? 그래요. 여러분 모두가 하나님의 명령에 순종해서 하나님이 주시는 이런 복을 받았으면 좋겠어요.

어린이 교재를 펴게 하라.

여러분 교재에 나오는 질문에 답하면서 자기 모습을 돌아보세요. 여러분 모두 이제부터는 하나님이 원하시는 것처럼 부모님께 순종하고 공경해서 하나님이 주시는 복을 받기를 바래요.

1. 나는 부모님의 말씀에 얼마나 순종하나요?
   ① 매우 잘한다. ② 잘하는 편이다. ③ 보통이다. ④ 잘 못한다.
2. 혹시 순종하지 못하는 부분이 있다면 어떤 부분이고 그 이유가 무엇인가요?
3. 부모님께 공경하고 존경하는 마음을 표현할 수 있는 방법을 두 가지만 적어보세요.
   ①
   ②

다 적고 나면 각자 적은 내용을 발표하게 한 후에 격려하라.

모두 좋은 생각을 말해주었어요. 오늘 집에 가서 부모님께 우리를 사랑해주시고 우리를 위해 많은 것들을 해주셔서 감사하다고 말씀드리세요.

우리 친구들 모두가 하나님의 명령대로 부모님께 순종하고 공경하는 친구들이 되길 바래요. 오늘부터 당장 실천하는 여러분이 되세요.

우리의 아버지가 되시고 우리를 한 가족으로 불러주신 하나님께 감사드리고, 모든 가족들이 하나님의 사랑을 깨달을 수 있도록 기도하고 마치라.

예수마당 성경공부 9

하나 되는 가족

에베소서 6:1-3

내가 만약 부모님이라면…

민수는 집에 오자 마자 씻지도 않고 컴퓨터 게임만 두 시간째 하고 있어요.

어떻게 할까요?

민정이는 부모님이 생일 선물로 백화점에서 예쁜 새 옷을 사주기를 바랬어요. 그런데 부모님은 지난 주에 사준 옷이 있다고 선물로 책을 사주셨어요. 실망한 민정이는 토라져서 밥도 안 먹고 있어요.

어떻게 할까요?

온 가족이 이번 주 토요일에 할아버지 댁에 가기로 했어요. 할아버지 생신이거든요. 그런데 신재는 친구들이랑 축구를 하고 싶어서 가지 않겠다고 해요.

어떻게 할까요?

다음 질문에 답해보세요.

1. 나는 부모님의 말씀에 얼마나 순종하나요?
   ①매우 잘한다. ②잘하는 편이다. ③보통이다. ④잘 못한다.
2. 혹시 순종하지 못하는 부분이 있다면 그 이유가 무엇인가요?
3. 부모님께 공경과 존경하는 마음을 표현할 수 있는 방법을 두 가지만 적어보세요.
   ①
   ②

10 대화의 열쇠

| 성경 본문 | 야고보서 1:19-20

| 중심 성경 구절 | "사랑엔 거짓이 없나니 악을 미워하고 선에 속하라 형제를 사랑하여 서로 우애하고 존경하기를 서로 먼저 하며"(롬 12:9-10).

| 포인트 | 올바른 대화로 가족을 굳게 세워라.

| 포인트 익히기 | 어린이들이 ◐ 대화에서 말이 차지하는 중요성을 느끼고 ◐ 성경에서는 말하고 듣는 것에 대해 어떻게 말씀하는지 살펴보며 ◐ 가족을 세우는 대화 방법에 대해 토론하고 과거의 갈등 문제를 해결하게 한다.

구분	활동 내용	준비물
배움터	**침묵의 전달** 말을 하지 않고 몸짓을 통해 대화를 한다.	명령서
성경 이야기	**마음을 나누는 대화** 야고보서 1장 19-20절을 읽고, 대화에 대해 성경은 어떻게 말하는지 살펴보며 토의한다.	성경, 어린이 교재, 펜
마무리	**마음의 문을 열라** 과거의 갈등 문제를 알고 해결한다.	어린이 교재, 펜

| 성경 배경 |

사춘기 이전은 가족들과의 대화가 단절되는 대표적인 시기다. 성질은 끓어오르고, 감정이 잔뜩 상한 이들을 회복시키기 위해서는 큰 사랑이 필요하다. 가족 간의 대화가 없는 가운데 자란 어린이들은 대화가 절실히 필요하다는 것을 알면서도 자신의 생각을 전하거나 남의 이야기를 듣는 데 어려움을 느끼고 있다. 이런 어린이들에게 쉽게 마음을 열라고 요구하는 것은 무리다. 쉽지는 않지만 천천히 겉에서부터 시작하여 속마음을 열 때까지 노력을 기울여야 한다.

야고보 사도는 이땅의 교회에게 전하는 편지에서 단순히 그리스도인이라는 소리를 듣는 것이 아니라, 참된 그리스도인이 되는 것에 대해 초점을 맞추고 있다. 그리고 이 말씀은 그리스도인의 대화 방식에 있어서 핵심을 가르쳐주고 있다. 원리는 다음과 같다. 먼저, 듣기를 우선적으로 하라는 것이다. 둘째는 말하는 것은 천천히 하고 화내는 것을 참는 것이다. 쉽지는 않지만 좋은 대화를 하는 핵심적인 태도다.

5 · 6학년 어린이들은 이야기하기를 좋아한다. 그러나 때로는 자신의 생각을 말로 전달할 때 잘못 전달하는 경우도 있다. 예를 들어 "앞으로 내 방에 들어올 때는 먼저 노크를 해줘. 내 프라이버시 좀 지켜줬으면 좋겠어"라는 의미의 말을 실제로는 "당장 내 방에서 나가란 말이야" 하고 소리 질러 표현하기도 한다.

훌륭한 대화는 5 · 6학년 어린이들이 종종 빠지기 쉬운 가족 간의 갈등이나 감정의 상처를 피할 수 있게 한다. 어린이들은 하나님의 도우심으로 가족들과 긍정적이고 생산적인 방법으로 마음을 주고받을 수 있는 대화의 방법을 배워야 한다. 좋은 대화는 가족 간의 관계를 굳건하게 만든다. 어린이들이 말을 할 때 서로를 존중하고 예의를 지키며 자신의 의사를 표현하는 방법을 배울 수 있도록 이끌어주라. 이번 과를 통해 어린이들은 지혜롭고 효과적인 말 한마디가 얼마나 관계를 세워주며 긍정적인 상황을 만들어줄 수 있는지 깨닫게 될 것이다.

| 배움터 | 침묵의 전달

한 모둠에 네 사람씩 모둠원을 만들라. 가족 모둠원이 정해지면 가족의 이름을 짓게 한다. 각각의 가족에서 한 명씩 가족 대표를 뽑게 하고 작전 회의를 할 때처럼 대표를 중심으로 모이게 하라. 선생님은 대표들 가운데에서 이야기하라.

지금부터 가족의 대표로 뽑힌 여러분은 가족들에게 한 가지 말을 전달해야 해요. 그런데 말을 하거나 글씨를 써 보여서는 안 돼요. 몸짓으로만 내용을 전달할 수 있어요. 다만 의사를 물을 때는 고개를 끄덕이거나 옆으로 저어 '예', '아니요'를 표시할 수 있어요. 시간은 3분 주겠어요.

각 모둠 가족원들에게 지시할 명령을 가족 대표들에게만 보여주라. 명령은 다음과 같다.

명령
나는 캥거루다. 나는 가족을 사랑하는 아빠와 엄마다.

- 가족 대표가 하는 행동에 대해 어떤 느낌이 들었나요?
- 진짜 가족들 사이에서도 이렇게 의사소통이 되지 않아 혼란스럽고 감정이 상한 경우가 있었나요?

말하지 않고 자신의 마음을 다른 사람에게 전달하는 것은 매우 어려워요. 어떤 때에는 마음과는 달리 잘못 전달되어 오해하는 경우가 생겨요. 서로를 더 잘 이해하고 알아가기 위해서는 대화가 꼭 필요해요. 대화는 어떤 관계에서든지 중요해요. 특별히 가족들 사이에서는 말할 것도 없죠. 올바른 대화는 가족을 굳게 세워줘요. 어떻게 하면 좋은 대화를 할 수 있을까요? 하나님은 어떻게 하면 가족 간의 관계를 더욱 굳게 세울 수 있는지 말씀해주세요.

| 성경 이야기 | 마음을 나누는 대화

어린이들과 함께 야고보서 1장 19-20절을 두세 번 읽어 의미를 완전히 파악하게 하라. 그리고 바로 질문하라.

- 대화할 때 빨리 해야 하는 것은 무엇인가요?

- 대화할 때 천천히 해야 하는 것은 무엇인가요?
- 대화할 때 화를 내면 안 되는 이유는 무엇일까요?

어린이들의 대답을 듣고, 격려한 후 성경 이야기를 들려주라.

오늘 읽은 말씀은 좋은 관계를 세우기 위한 가장 좋은 대화 방법을 말씀해주고 있어요. 오늘 읽은 말씀처럼만 대화한다면 말실수 때문에 관계가 나빠지는 일은 없을 거예요. 대화는 관계에서 매주 중요한 역할을 해요.

야고보 사도는 듣기를 빨리 하라고 말했어요. 빨리 들어야 한다는 말은 상대방에게 빨리 말하게 하라는 뜻일까요? 아니에요. 그것은 내가 어떤 행동이나 말을 하기 전에 상대방의 말을 먼저 잘 들어야 한다는 뜻이에요. 상대방이 어떤 말을 하는지 주의 깊게 듣고 정확하게 이해하는 것이 중요하기 때문이에요. 또한 '빨리 들으라' 는 말은 집중해서 경청하라는 말이에요. 대화에서 상대방의 말을 집중해서 들어주는 자세는 말하는 사람이 상대방에 대해 믿음을 가지게 해줘요.

그런데 듣기와는 반대로 말하기는 천천히 하라고 말씀하세요. 말실수로 관계를 힘들게 만드는 친구들을 살펴보세요. 그 친구들은 생각나는 말을 그때그때 거침없이 말해요. '말하기를 천천히 하라' 는 말은 '깊이 생각하고 말하라' 는 의미예요. 내가 하는 말이 정확한 말인지, 상대방을 배려하는 말인지, 감정적이지는 않은지 생각해보고 말하라는 뜻이에요.

그리고 말하기와 더불어 성내기를 더디 하라고 말씀하세요. 대화를 하면서 화를 내는 것은 전혀 도움이 되지 않아요. 화를 내게 되면 더 이상 대화가 아니라 싸움이 되고 말아요. 그렇게 되면 나중에는 하지 말아야 할 말까지 하게 되어 서로에게 깊은 상처를 주기 때문이에요. 하나님은 대화를 나누다 화를 내고 싸우게 되면 하나님의 의를 이루지 못한다고 하셨어요.

한 가족이라도 대화가 서로 잘 통하는 사람이 있는가 하면 대화가 잘 안되는 사람도 있어요. 지금부터 대화가 잘되는 이유와 그렇지 않은 이유에 대해서 생각한 후에 여러분의 교재에 적어보도록 하겠어요. 그리고 아래의 질문에 각자 생각한 것을 적은 다음 가족 모둠원들과 이야기를 하겠어요.

- 여러분의 가정은 가족끼리 얼마나 자주 대화를 하나요? 대화를 많이 한다고 생각하나요?
- 어떤 대화를 좋아하나요?
- 어떤 대화를 싫어하나요?
- 어떤 때 가족들끼리 나누는 대화에서 전하려 했던 원래 의미가 바뀌게 되나요?
- 대화가 잘되는 이유와 방법에는 어떤 것이 있을까요?
- 대화가 안 되는 이유는 무엇일까요?

맞아요. 여러분이 좋은 이야기를 많이 해주었어요. 대화가 잘되려면 상대방을 존중하는 태도를 보여줘야 해요. 상대방이 말할 때 다른 곳을 쳐다본다거나 주의를 기울이지 않으면 상대방은 무시당한다고 생각할 거예요.

가족 관계도 마찬가지예요. 부모님이 말씀하시는데 건성으로 대답하면서 TV만 쳐다본다면 제대로 대화를 나눌 수 없겠죠? 좋은 대화는 가족 관계를 든든하게 만들어요. 잘 듣는 것은 좋은 대화를 향한 첫걸음이에요. 다른 사람의 말에 공감하고 사랑으로 대한다면 다른 가족들도 같은 마음으로 여러분의 이야기를 들어줄 거예요. 상대방의 말을 잘 듣는 것은 우리가 그 사람을 소중하게 여기고 있다는 증거예요. 하나님은 여러분들이 올바른 대화를 통해 가족들을 굳게 세워주기를 바라세요.

| 마무리 | 마음의 문을 열라

지금부터 과거로 여행을 떠나도록 하겠어요. 과거에 가족들과 갈등이 생겨서 마음을 닫은 경우나 사건이 있었는지 떠올려보세요. 왜 그런 갈등이 생겼는지 잘 생각해보고 어떻게 하면 그 갈등을 해결할 수 있을지도 생각해보세요.

어린이들에게 생각하는 시간을 주고 이야기하라.

여러분의 교재 '마음 문'에 갈등을 어떻게 해결할 것인지 적어보세요. 닫혔던 마음의 문을 열 때 갈등을 해결할 수 있어요. 하나님은 여러분이 먼저 마음을 열고 올바른 대화로 가족들을 굳게 세워나가기를 바라세요. 어떤 갈등은 상대방으로부터 시작되었을 수도 있고 어떤 것은 내가 잘못해서 생겼을 수도 있어요. 중요한 것은 지금 갈등을 해결할 수 있는 방법을 적고 실천에 옮기는 거예요.

어린이들이 다 적고 나면 자신의 방법을 돌아가면서 이야기하도록 한 다음, 어린이들을 격려하고 올바른 대화를 통해 가정을 세울 수 있도록 지혜와 용기를 달라고 기도하고 마치라.

예수마당 성경공부 10

대화의 열쇠

야고보서 1:19-20

한 가족이라도 대화가 서로 잘 통하는 사람이 있는가 하면 대화가 잘 안되는 사람도 있어요. 지금부터 대화가 잘되는 이유와 그렇지 않은 이유에 대해서 생각하고 적어보세요.

1 여러분의 가정은 가족끼리 얼마나 자주 대화를 하나요?

2 어떤 대화를 좋아하나요?

3 어떤 대화를 싫어하나요?

4 어떤때 가족들끼리 나누는 대화에서 전하려 했던 원래 의미가 바뀌게 되나요?

5 대화가 잘되는 이유와 방법에는 어떤 것이 있을까요?

6 대화가 안되는 이유는 무엇일까요?

'마음 문' 에 갈등을 어떻게 해결할 것인지 적어보세요.

11 소중한 가족

| 성경 본문 | 창세기 37:3-11

| 중심 성경 구절 | "사랑엔 거짓이 없나니 악을 미워하고 선에 속하라 형제를 사랑하여 서로 우애하고 존경하기를 서로 먼저 하여"(롬 12:9-10).

| 포인트 | 가족의 소중한 일원이 되라.

| 포인트 익히기 | 어린이들이 ➊ 한 사람이 전체 가족에 미치는 영향을 살펴보고 ➋ 본문 속에서 서로를 존중하지 않는 편애가 얼마나 무서운 결과를 가져오는지 배우며 ➌ 서로를 격려함으로 가족에 대한 감사와 소중함을 알게 한다.

구분	활동 내용	준비물
배움터	**우리 가족이 얻은 점수** 우리 가족의 특징을 발견하고 점수를 얻는다.	어린이 교재, 작은 선물, 펜
성경 이야기	**서로 존중하는 가족** 창세기 37장 3-7장을 통해 서로 존중하는 것이 가족 가운데 얼마나 중요한 것인지 알아본다.	성경
마무리	**격려의 롤링 페이퍼** 친구들에게 격려의 말을 들려준다.	어린이 교재, 펜

| 성경 배경 |

5 · 6학년 어린이들은 이제 막 자신이 어떤 사람인지 알아가기 시작하는 단계에 있다. 홀로서기를 위한 갈등 가운데서 경쟁자들과 가족들이 자기를 존중해줄 것이라고 예상하며 또한 요구하고 있다. 그러나 이러한 기대와는 달리 혼자 있다는 생각이 들거나 다른 사람들로부터 따돌림을 당한다면 관계에 대한 혼동과 어려움을 느끼게 된다.

이 세상에서 완벽한 가족을 찾을 수는 없다. 성경에 나오는 훌륭한 믿음의 가정도 질투와 편애로 일그러지고 말았다. 하나님께 이스라엘이라는 별명을 받은 야곱의 가족은 시작부터 삐걱거렸다. 야곱은 네 명의 아내로부터 열두 명의 자녀들을 낳았는데 자녀들은 서로 티격태격할 수밖에 없었다. 자녀들 가운데 요셉은 야곱이 가장 사랑한 아내 라헬이 처음 낳은 자식이어서 누구보다 아버지 야곱의 사랑을 많이 받았다. 요셉이 입은 채색옷은 야곱이 요셉에게 선물한 것으로, 귀한 신분임을 드러내기 위해 입는 옷이었다. 긴 소매에 발목까지 내려오는 긴 옷은 그 당시에는 제사장들이나 직접 노동을 하지 않는 고위층 사람들만 입던 옷이다. 노동자들이나 노예들은 소매가 없는 짧은 옷을 입었다. 게다가 요셉은 형제들이 자기에게 절을 하더라는 꿈 이야기를 해서 더욱 형제들의 미움을 사고 말았다. 야곱의 가족은 이런 편애와 자만 가운데 분열되고 있었다.

여러분이 맡고 있는 5 · 6학년 어린이들도 이런 편애 때문에 가정에서 갈등을 겪고 있을지도 모른다. 가족들의 사소한 말 한마디, 작은 행동 하나로 인해 어린이들은 자신이 사랑받지 못하고 있으며 환영받지 못하고 있다고 느끼게 된다. 많은 어린이들이 다른 사람들보다 중요하다는 것을 과시하려고 남을 깎아내리거나 허풍을 떠는 것은 조금도 이상한 일이 아니다. 어린이들은 가족들 모두가 소중하다는 것과 가족 모두를 인정하는 것이 중요한 일임을 배워야 한다.

| 배움터 | 우리 가족이 얻은 점수

어린이 교재에 있는 내용을 가지고 현재 자기 가족에 대한 점수를 매겨보게 한다.

지금부터 선생님이 말하는 내용에 해당하는 사람은 거기에 해당하는 점수를 주겠어요. 여러분 가족은 얼마만큼의 점수를 얻었는지 계산해보세요.

어린이 교재에 있는 '나의 가족'에 점수를 표시하게 하라.

나의 가족

- 아주 멋지게 웃는 사람마다 5점씩 주겠어요.
- 형제나 자매가 한 명 이상 있는 사람에게 5점을 주겠어요.
- 지난달에 어머니나 아버지께 '사랑해요'라고 말한 적이 있는 친구에게 20점을 주겠어요.
- 지난주에 집안일을 도와준 적이 있는 친구에게 20점을 주겠어요. 그리고 어머니나 아버지께서 도와달라고 한 것이 아닌데도 자원해서 도와준 친구에게는 추가로 20점을 더 주겠어요.
- 지난주에 가족끼리 소풍이나 캠프를 간 적이 있는 친구에게 50점을 주겠어요.

가족 모둠원별로 점수를 계산하고, 가장 높은 점수를 얻은 가족 모둠원을 발표하고 작은 선물을 준다. 온 가족이 함께 쓸 수 있는 비누와 같은 생활 용품이나, 케첩이나 마요네즈같이 공동으로 먹는 음식도 좋다. 활동을 마친 후 아래 질문을 한다.

- 모든 모둠원들이 똑같은 점수를 얻지 못하는 이유는 무엇일까요?
- 여러분 모둠원의 가족이 여러분이 따지 못한 점수를 땄을 때 기분이 어땠어요?

여러분의 모둠원 가족들이 동일한 점수를 얻지는 못했지만 한 가지 중요한 사실은 모두가 한 가족이고, 가족에게 필요한 점수를 따주었다는 거예요. 이 원리는 진짜 가족에게도 적용될 수 있어요. 때로는 여러분이나 다른 식구들이 전체 가족들을 위해 아무것도 하지 못하는 것처럼 보일지라도 우리 각자는 모두 소중한 가족이에요. 이러한 소중한 가족의 일원으로서 어떻게 살아야 할까요? 오늘 성경은 우리에게 참된 가족으로서 어떻게 살아야 하는지 말씀하고 있어요.

| 성경 이야기 | 서로 존중하는 가족

어린이들과 함께 창세기 37장 3-11절을 읽고, 성경 이야기를 들려주라.

오늘 우리가 읽은 말씀은 잘 알고 있는 말씀이에요. 야곱은 어떻게 하다 보니 아내가 네 명이나 되었어요. 그 중에서 가장 사랑했던 아내 라헬은 오랫동안 아기를 낳지 못하다가 늦게 아들을 낳게 되었어요. 이 아들을 다른 자녀들보다 특별히 사랑한 야곱은 다른 아들들에게는 입히지 않은 예쁜 채색옷을 입히고, 다른 형들이 들에 나가 힘들게 일할 때에도 요셉은 아빠 앞에 앉아 그저 놀게 내버려두었어요.

요셉이 아버지의 사랑을 독차지하는 것만 해도 못마땅해하는 형들에게 요셉은 자기가 형들보다 높아지는 꿈을 꾸었다고 자랑했어요. 그래서 형들을 요셉을 무척 미워했어요. 가족들을 공평하게 대하지도 않고 서로 존중해주지도 않는다면 문제가 생길 수밖에 없어요.

가족 중에 소중하지 않은 사람은 없어요. 가족 가운데 누구를 특별히 더 사랑하거나, 특별히 더 미워한다면 그 가정은 바르게 설 수 없어요. 비록 가족들 개개인의 능력에는 차이가 있고, 생긴 모습도 차이가 있을 수 있지만, 다른 가족들보다 특별히 더 소중한 가족은 없어요. 가족들 모두가 서로를 소중하게 대해야 해요.

요셉을 특별히 더 사랑했던 야곱의 편애가 다른 형제들의 마음을 무너지게 했어요. 그래서 요셉의 형들은 해서는 안 되는 일까지 하게 되었어요.

성경 이야기를 마치면 질문하라.

- 여러분이 요셉의 형제들이었다면 요셉을 어떻게 대했을까요?
- 혹시 우리 가족 가운데 필요 없는 사람이라고 생각한 사람이 있었나요? 왜 그렇게 생각했나요?

요셉을 편애한 야곱이나, 아버지의 사랑을 독차지하면서 자랑을 하고 다녔던 요셉이나, 동생인 요셉을 미워한 요셉의 형들이나 모두 잘못을 했어요. 그들은 자신들을 소중한 가족으로 묶어주신 하나님의 뜻을 알지 못했어요. 가족들 간에는 서로를 사랑하는 마음을 가지고 대해야 해요. 하나님이 보시기에 우리는 모두 소중한 가족이에요. 우리 모두가 특별한 가족인 것을 깨달으면 요셉과 그 형제들이 빠졌던 문제에서 벗어날 수 있을 거예요. 하나님은 우리가 소중한 가족의 일원으로서 말하고 행동하기를 원하세요.

| 마무리 | 격려의 롤링 페이퍼

어린이들이 둥글게 원을 만들어 앉게 하고, 마무리 활동을 진행하라.

이곳에 함께 앉아 있는 우리 친구들도 모두 우리 반에서 소중한 사람들이에요. 단 한 명도 소중하지 않은 사람은 없어요. 여러분 교재 밑에 '격려의 롤링 페이퍼' 란 옆에 자기 이름을 써보세요. 그리고 오른 쪽 방향으로 자기 책을 돌리세요. 그럼 책을 받은 친구는 이름이 쓰인 친구에게 "OO야, 너는 OOOOOO 때문에 우리 반에서 소중한 친구야"라고 격려의 말을 써주세요. 돌아가면서 세 명이 쓰면 책에 이름이 쓰인 친구에게 돌려주세요. 자, 시작해봐요.

격려의 롤링 페이퍼를 다 쓰고 나면, 각자가 읽어 보게 하고, 격려하라.

우리는 모두 소중한 가족이에요. 이 말은 여러분은 모두 소중하다는 뜻이에요. 하나님은 우리가 소중한 가족임을 확신하며 소중한 가족의 일원으로서 살기 원하세요.

소중한 가족을 주시고 우리를 하나님의 가족으로 삼아주신 하나님께 감사 기도를 하고 마치라.

예수마당 성경공부 11

소중한 가족 ⇨ 창세기 37:3-11

✐나의 가족에 점수를 표시하세요.

나의 가족

아주 멋지게 웃는 사람마다 5점씩 주겠어요.

나의 가족

형제나 자매가 한 명 이상 있는 사람에게 5점을 주겠어요.

나의 가족

지난달에 어머니나 아버지께 '사랑해요'라고 말한 적이 있는 친구에게 20점을 주겠어요.

나의 가족

지난주에 집안일을 도와준 적이 있는 친구에게 20점을 주겠어요. 그리고 스스로 자원해서 도와준 친구에게는 추가로 20점을 더 주겠어요.

나의 가족

지난주에 가족끼리 소풍이나 캠프를 간 적이 있는 친구에게 50점을 주겠어요.

1. "OO야, 너는 OOOOOO 때문에 우리 반에서 소중한 친구야."

2.

3.

12 사랑의 동그라미

| 성경 본문 | 베드로전서 4:8-11

| 중심 성경 구절 | "사랑엔 거짓이 없나니 악을 미워하고 선에 속하라 형제를 사랑하여 서로 우애하고 존경하기를 서로 먼저 하며"(롬 12:9-10).

| 포인트 | 조건 없이 가족을 사랑하라.

| 포인트 익히기 | 어린이들이 ➲ 조건에 따라 보상받고 싶은 유혹이 있음을 알고 ➲ 본문을 통해 진정한 사랑을 배우며 ➲ 사랑하는 가족을 위해 기도하게 한다.

구분	활동 내용	준비물
배움터	**누가 받을까?** 간식을 받는 사람을 정하면서 보상에 대해 생각해본다.	간식
성경 이야기	**진정한 사랑과 섬김** 베드로전서 4장 8-11절을 통해 어떤 마음으로 가족을 섬기고 사랑해야 하는지 배운다.	성경, 어린이 교재, 펜
마무리	**나누어요** 간식을 나누고 가족을 위해 기도하는 시간을 갖는다.	간식

| 성경 배경 |

형제나 자매가 아파서 누워 있거나 도움을 요청할 때는 그들을 사랑하는 것이 쉽다고 느껴진다. 그러나 그들이 자기를 놀리거나 좋아하는 게임기나 장난감을 망가뜨리면 그 사람을 사랑하기란 정말로 어려워진다. 5 · 6학년 어린이들은 사랑에 대해 많은 것을 생각하지만 때때로 자기 중심적으로 사랑을 해석하고 행동한다.

베드로전서는 로마인들에게 박해를 받는 그리스도인들을 위해 기록된 편지다. 베드로전서의 대부분은 핍박 가운데서도 넘치는 소망과 기쁨에 대해 다룬다. 이 편지를 받는 성도들은 믿음 때문에 핍박을 당하는 사람들이었다. 베드로는 그들의 고통을 예수님의 고난과 연결시킴으로써 그들을 위로하고 있다. 그리스도께서 그들을 구원하시려고 고난을 당하신 것처럼 그들도 시련을 특권으로 받아들일 수 있다고 베드로는 말하고 있다. 이런 핍박의 환경 가운데서도 베드로는 그리스도를 따르는 성도들이 사랑 가운데 행할 것을 권면하고 있다. 베드로는 투쟁이 아니라 더 많은 사랑을 베푸신 예수님처럼 다른 사람들에게 사랑과 친절을 베풀라고 말한다.

5 · 6학년 어린이들은 부모님이나 형제들에게서 사랑을 느끼다가도 금세 그들이 자신을 미워하고 핍박한다고 생각한다. 그래서 싸움을 정당화하기 위해 "형이 먼저 때렸어요" "쟤가 물어보지도 않고 채널을 마음대로 바꾸었어요" 등과 같은 말을 한다. 이런 어린이들에게 베드로 사도의 권면이 절실히 필요하다. 우리 어린이들도 초대교회와 마찬가지로 그리스도의 본을 통하여 가족 간에 무조건적인 사랑을 베풀며 실천할 수 있도록 이끌어주라.

| 배움터 | 누가 받을까?

한 모둠에 네 사람씩 모둠을 만들라. 인원이 맞지 않으면 세 명이나 다섯 명인 모둠이 있어도 상관없다. 각 가족 모둠원들로 간식을 받을 한 사람을 정하게 하라. 간식을 받을 사람에 대해서는 아무런 힌트나 지시도 해주지 말고, 각 모둠에서 알아서 정하게 하라. 모두 정했으면 정한 사람에게 간식을 나누어준다.

지금부터 간식 받을 사람을 정하도록 하겠어요. 여러분이 정한 사람에게만 간식을 주겠어요. 시작하세요.

- 간식 받을 사람을 어떤 방법으로 정했나요?
- 나머지 사람들은 간식 받는 사람에게 어떤 기대를 했나요?

만일 간식을 받기로 한 사람이 자기를 위해 무언가를 해주기 바라고 그 사람을 선택했다면 여러분은 조건을 달고서 그 사람을 선택한 거예요. 때때로 우리는 사랑한다고 말하지만 이렇게 사랑에 조건을 붙이는 경우가 많아요. 다른 식구들이 나를 방해하지 않거나, 내게 돈을 주거나, 내가 원하는 다른 어떤 것을 줄 때만 사랑한다고 말해요. 그러면 진정한 사랑은 어떤 것일까요? 하나님은 우리가 가족들을 대할 때 아무 조건 없이 사랑하기를 원하세요. 오늘은 조건 없이 가족을 사랑하는 것이 어떤 것인지 배우겠어요.

| 성경 이야기 | 진정한 사랑과 섬김

어린이들과 함께 베드로전서 4장 8-11절을 읽고, 성경 이야기를 들려주라.

사도 베드로는 세계 여러 곳에 흩어져 있는 그리스도인들에게 편지를 썼어요. 그 당시 그리스도인들은 예수님을 믿는다는 이유로 극심한 핍박을 당하고 있었어요. 베드로는 그들에게 흩어져 있지만 믿음을 잃지 말고, 예수님을 믿는 사람으로서 삶으로 본을 보이라고 말했어요. 특별히 힘들고 어려운 시절을 살아가는 그리스도인들에게 유혹에 넘어가지 않도록 정신을 바짝 차리고 기도에 힘쓰라고도 말했어요. 그리고 이렇게 어려울 때 서로 사랑하라고, 그것도 서로 뜨겁게 사랑하라고 말했어요. 또 서로 진심으로 섬기라고 말했어요. 하나님은 사도 베드로를 통해 예수님을 믿는 우리가 어떻게 사랑하며 서로 섬겨야 하는지를 가르쳐주고 계세요.

우리는 모든 사람을 주님의 이름으로 사랑해야 하지만 하나님은 특별히 우리가 가족을 더 사랑하도록 부르셨어요. 가족들 사이에 사랑이 없다면 그들은 더 이상 가족이라고 할 수 없어요. 사랑은 가족들을 연결해주는 가장 중요한 연결 끈이기 때문이에요.

사도 베드로는 우리가 사랑할 때 얼마나 놀라운 일이 벌어지는지 말하고 있어요. 서로가 범한 죄를 덮게 된다고 말하고 있어요. 우리는 말씀대로 살려고 노력하지만 본래 죄인이라 늘 죄를 짓고 살아요. 다른 사람들은 죄를 지으면 어떻게 하든지 죄 값을 치르게 하기 위해 노력하지만 우리 가족들은 죄를 사랑으로 덮어줘요. 이 말씀은 죄를 숨겨주라는 뜻이 아니라 서로를 품어주라는 의미예요. 실수를 하더라도, 따뜻하게 품어줄 수 있는 사람이 바로 가족이라는 것입니다.

이런 사랑으로 가족을 섬겨야 해요. 예수님이 우리 죄를 덮어주셨듯이 우리도 사랑으로 우리 가족을 용서하고 품어주어야 해요. 하나님은 우리가 가족을 진심으로 사랑하고, 예수님의 마음으로 섬기기를 원하세요.

성경 이야기를 마치면 어린이들을 모둠별로 앉게 하고 교재를 펴게 한다.

지금부터 각 모둠별로 돌아가면서 여러분의 교재에 나오는 성경 말씀을 큰 소리로 읽으세요. 그리고 어린이 교재에 여러분이 이해한 말로 옮겨 적으세요.

4, 5분 후에 처음의 가족 모둠원으로 다시 모여 자신들이 발견한 것을 서로 나누게 하라.

- 우리가 가족들을 더 잘 대하고 사랑하는 데 이 말씀들이 어떤 도움을 주고 있나요?
- 여러분이 조건 없이 가족들을 사랑하는 데 방해가 되는 것은 무엇인가요?
- 그런 장애물을 어떻게 극복할 수 있을까요?

하나님은 우리가 가족들을 아무 조건 없이 사랑하기를 원하세요. 하나님이 먼저 우리를 아무 조건 없이 사랑해주셨어요. 사랑이 갖고 있는 위대함을 알고 실천할 때 하나님께 영광을 돌릴 수 있어요. 또한 사랑은 우리가 지은 많은 죄를 용서하고 덮을 수 있어요. 우리가 하나님처럼 우리 가족을 아무 조건 없이 사랑할 때 하나님은 힘과 능력으로 우리를 도와주실 거예요.

| 마무리 | 나누어요

하나님은 우리가 서로 조건 없이 사랑하기를 원하세요. 건강하고 성숙한 가정은 서로를 사랑하고 자신이 가지고 있는 것을 서로 나누어요. 선생님이 준비한 간식을 나누도록 하겠어요. 먼저 간식을 받은 친구는 옆으로 간식을 주면서 “OO야, 너와 한 반이 되어서 참 기쁘단다”라고 이야기하세요. 간식을 받은 친구는 또 옆 친구에게 똑같이 건네주세요. 사랑은 자신의 것을 나누어줄 때 조건을 달지 않고 줘요. 여러분의 가족들에게 여러분도 조건 없이 사랑을 실천해보세요.

준비한 간식을 함께 나누라.

어린이들의 이야기와 간식 먹는 시간이 끝나면 기도하는 시간을 갖고 마치라. 하나님이 보여주신 조건 없는 사랑으로 가족들을 사랑할 수 있도록 기도하게 하라. 가족을 위해 기도하는 것은 가족들에게 조건 없는 사랑을 베푸는 가장 좋은 방법임을 알게 하라.

예수마당 성경공부 12

사랑의 동그라미

베드로전서 4:8-11

아래의 성경 구절을 읽고 자신이 이해한 말로 적어보세요.

1. 우리가 가족들을 더 잘 대하고 사랑하는 데 이 말씀들이 어떤 도움을 주고 있나요?
2. 여러분이 조건 없이 가족들을 사랑하는 데 방해가 되는 것은 무엇인가요?
3. 그런 장애물을 어떻게 극복할 수 있을까요?

어려운 선택

제13과	**제목**	**유혹!**
	포인트	하나님의 말씀으로 유혹을 이기라.
	성경 본문	마태복음 4:1-11
제14과	**제목**	**누구의 노래인가?**
	포인트	생각과 행동에 좋은 영향을 끼치는 음악을 들으라.
	성경 본문	고린도전서 10:23-33
제15과	**제목**	**성전인 몸**
	포인트	몸과 마음을 돌봄으로 하나님께 영광을 돌리라.
	성경 본문	고린도전서 6:19-20
제16과	**제목**	**미디어 바로 보기**
	포인트	보고 듣는 것을 올바르게 판단하라.
	성경 본문	베드로후서 2:1-3
제17과	**제목**	**이기는 것이 능사가 아니에요**
	포인트	경쟁심을 버리고 협력해서 사람들을 세우라.
	성경 본문	로마서 15:1-6

지금의 5 · 6학년 어린이들은 몇 년 전만 하더라도 중 · 고등학생이 되어서야 겪어야 했던 문제들을 겪고 있다. “술이 어떤 것인지 먹어보면 안 되나요?” “왜 이런 TV 프로그램을 보면 안 되는 거죠?” “힙합이나 테크노 음악에 어떤 문제가 있다는 거예요?” “무조건 이기고 보는 것이 최고인가요?”

누구도 이런 질문을 던지지는 않지만 어린이들은 스스로 그에 대한 해답을 찾아야 한다. 그리고 그 대답이 무엇이냐에 따라 그들의 평생이 결정되기도 한다. 하나님은 어린이들이 이러한 어려운 선택의 문제에 직면할 때 지혜롭게 결정할 수 있도록 도와주신다. 바로 말씀과 성령님을 통하여 어린이들을 올바른 길로 인도하신다. 그리고 어린이들이 잘못된 결정을 내려서 당하는 아픔을 사랑과 용서로 치료하신다.

이번 단원을 통해 5 · 6학년 어린이들이 하나님의 도우심이 늘 함께한다는 사실을 알게 하며 그 놀라운 특권을 어떻게 누릴 수 있는지 가르쳐주라.

13 유혹!

| 성경 본문 | 마태복음 4:1-11

| 중심 성경 구절 | "또한 네가 청년의 정욕을 피하고 주를 깨끗한 마음으로 부르는 자들과 함께 의와 믿음과 사랑과 화평을 좇으라"(딤후 2:22).

| 포인트 | 하나님의 말씀으로 유혹을 이기라.

| 포인트 익히기 | 어린이들이 ◐ 유혹의 근원이 무엇인지 찾아보고 ◐ 실제 상황에서 하나님의 말씀으로 대처하는 방법에 대해 연구하며 ◐ 비밀 메시지로 서로를 격려하게 한다.

구분	활동 내용	준비물
배움터	**젓가락으로 과자 먹기** 과자를 먹는 시합을 해보고 유혹을 받는 것이 어떤 것인지 이야기해본다.	젓가락, 접시, 둥근 모양 과자
성경 이야기	**유혹의 근원** 유혹은 어디서 오는 것인지 찾아보고, 마태복음 4장 1-11절에 나오는 예수님이 유혹받으신 사건을 토의해본다.	성경
마무리	**상황과 적용** 상황을 통해 하나님의 말씀이 어떻게 유혹을 이길 수 있게 해주는지 살펴본다.	성경, 성구 카드, 어린이 교재

| 성경 배경 |

예수님은 공생애를 시작하시면서 세례를 받으신 직후에 광야로 가서 시험을 받으셨다. 40일 동안의 금식 이후에 찾아온 극심한 굶주림도 예수님으로 하여금 아버지의 뜻을 벗어나게 할 수는 없었다. 예수님은 하나님의 뜻 가운데 거하는 것이 그 어떤 육체의 욕구를 채우는 것보다 중요하다는 사실을 보여주셨다. 그리고 그분의 나라는 이땅에서 잠시 있다 없어지는 것이 아니라 영적이며 영원한 나라임을 보여주심으로, 자신의 사역이 어떠한 모습인지 규정지으셨다. 또한 사탄의 유혹에 넘어가지 않으시고 말씀으로 능력과 교훈을 삼으셔서 유혹을 물리치셨다. 그 승리의 결과, 유혹하는 자인 사탄의 능력은 영원히 주님의 능력 아래에서 소멸되었다.

5 · 6학년 어린이들은 이제 시험에서의 부정행위나 약물 남용, 혹은 성과 같은 다양하고 실제적인 유혹에 접하는 시기에 있다. 또한 친구들과의 경쟁을 통해 어른들의 세계로 들어서기도 한다. 텔레비전이나 대중 매체에서는 현대인이 되기 위해서는 세상의 풍속을 따를 것을 요구한다. 경쟁에서 이기고 싶은 욕망은 시험에서 부정행위를 하도록 부추긴다. 또한 또래 친구들은 믿음과 타협할 것을 요구하기도 한다. 어린이들이 믿음을 지키는 삶을 살기 위해서는 주변 가까이에서 일어나고 있는 유혹에 대해 이해하고 그 유혹을 이길 수 있는 방법들을 배워야 한다. 또한 이런 어린이들이 유혹과 싸워 이기려면 많은 도움이 필요하다. 어린이들도 예수님처럼 하나님의 말씀이라는 강력한 무기를 갖고 있다. 이번 과를 통해 어린이들이 어떻게 말씀을 사용하여 유혹을 이길 수 있는지 가르쳐주라.

| 배움터 | 젓가락으로 과자 먹기

어린이들을 두 모둠으로 만들라. 각 모둠에게 같은 개수의 둥근 공 모양의 과자를 담은 접시를 나누어주라.

각 모둠에게 젓가락을 하나씩 나누어주겠어요. 젓가락을 받은 친구는 먼저 젓가락을 사용해서 접시에 있는 과자를 왼쪽 친구에게 먹여주세요. 과자를 받아 먹은 친구는 먹으면서 계속해서 자기 왼쪽 친구에게 젓가락을 사용해 과자를 먹여주어야 해요. 이때 젓가락을 사용하지 않거나 한 개 이상을 먹어서는 안 돼요. 이런 방법으로 접시에 있는 과자를 먼저 먹는 모둠이 이기는 거예요. 선생님이 신호를 주면 시작하겠어요.

어린이들이 활동을 마치면 주변을 정리하고 질문하라.

- 이 게임을 하면서 남모르게 부정행위를 하고 싶은 유혹이 생기던가요? 왜 그런 유혹이 생겼다고 생각하나요?
- 이 게임을 하면서 생기는 부정행위를 하고 싶은 유혹과 실제 생활에서 부정행위를 하도록 하는 유혹은 어떤 점이 비슷한가요?

어떤 친구들은 이 게임을 하면서 살짝 부정행위를 하고 싶은 유혹을 받았을 거예요. 그리고 다른 일들을 하면서 그런 유혹을 받은 친구들도 있을 수 있어요. 유혹은 정말 놀라운 힘을 가지고 있어요. 그래서 때때로 유혹을 만나면 넘어가는 사람들이 많아요. 그러나 하나님은 우리가 이러한 유혹에서 벗어나 이기기를 원하세요. 어떻게 하면 유혹에서 이길 수 있을까요? 바로 하나님의 말씀으로 유혹을 이길 수 있어요. 하나님은 우리가 유혹을 이길 수 있도록 하나님 말씀으로 준비하고 무장하기를 원하세요.

| 성경 이야기 | 유혹의 근원

어린이들과 함께 마태복음 4장 1-11절을 읽고, 성경 이야기를 들려주라.

오늘 함께 읽은 본문은 예수님이 마귀에게 유혹을 받으시는 장면을 기록한 거예요. 이 말씀을 통해서 예수님은 우리가 이 세상을 살면서 겪게 될 수많은 유혹들을 어떻게 이겨야 하는지 그 모범을 보여주고 계세요. 예수님이 받으신 세 가지 유혹은 우리가 살아가면서 받게 되는 모든 유혹의 유형들을 잘 보여주고 있어요. 모든 유혹을 이기신 예수님을 따르기만 하면 아무리 이기기 힘든 유혹도 이길 수 있어요.

첫 번째로 예수님은 배고픔의 유혹을 이기셨어요. 예수님은 광야에서 40일을 금식하신 후였기 때문에 굉장히 배가 고프셨을 거예요. 가만히 있어도 멀쩡한 돌멩이가 떡으로 보일 것 같은데, 마귀는 옆에서 돌로 떡을 만들어 먹으라고 예수님을 시험했어요. 마귀의 말처럼 예수님은 그럴 능력이 충분하셨어요. 하지만 예수님은 말씀으로 마귀를 물리치셨어요. 우리도 언제나 이런 문제로 유혹을 받을 때가 많아요. 가끔은 너무 피곤하거나 바쁘면 하나님의 말씀이나 기도를 빼먹고 다른 걸 하고 싶은 유혹을 느껴요. 하지만 예수님은 배고픔이나 다른 어떤 것보다 하나님과의 관계가 중요하다는 것을 가르쳐주셨어요.

두 번째로 예수님은 하나님 아버지에 대한 시험을 이기셨어요. 마귀는 성전 꼭대기로 예수님을 데려다가 뛰어내려보라고 시험했어요. 예수님이 진짜 하나님의 아들이면 하나님이 예수님을 지켜주지 않겠냐고 하면서 말이에요. 하지만 예수님은 역시 말씀으로 마귀를 물리치셨지요. 진짜 하나님의 아들이신 예수님이 하나님이심을 의심하게 하는 유혹을 물리치신 거예요. 우리 주위에서도 하나님을 증명해보라며 우리 믿음을 흔들어놓는 유혹이 많이 있어요. 그럴 때 예수님처럼 말씀을 통해 자신을 드러내시는 하나님을 더 의지하고 신뢰해야 해요.

세 번째로 예수님은 명예의 시험을 이기셨어요. 마귀는 높은 산으로 예수님을 데리고 가 모든 나라를 보여주며 자기에게 절하면 모두 준다고 유혹했어요. 누구나 높은 자리에 올라가고 싶어해요. 한 번만 머리를 숙이면 온 세상이 자기 것이 된다는데 어떻게 그 유혹에 쉽게 이길 수 있겠어요? 그러나 예수님은 역시 말씀으로 오직 하나님께만 경배하라고 말씀하시면서 마귀를 물리치셨어요. 우리 주위에서도 조금만 타협하면 훨씬 쉽게, 많은 것을 누리며 살 수 있다고 우리를 유혹해요. 하지만 예수님처럼 하나님만 경배하고 섬기면 하나님이 우리 필요를 채워주세요.

성경 이야기를 마치고 나면, 질문을 하라.

- 예수님이 받으신 세 가지 유혹은 무엇에 대한 것이었나요?
- 예수님은 이 유혹을 받으실 때 기분이 어떠셨을까요?
- 여러분이 그와 똑같은 유혹을 받았다면 어떻게 했을 것 같아요?

유혹이란 우리가 해서는 안 되는 일, 혹은 하지 말아야겠다고 생각한 일을 하고 싶게 만들고, 정작 해야 하는 일에 대해서는 하지 않도록 마음을 끌어당기는 것이라고 할 수 있어요. 어떤 때는 불량식품을 먹는 일이나 부모님이 보지 말라고 하신 TV 프로그램을 보는 것처럼 작은 일에 유혹이 올 수도 있어요. 때로는 남의 것을 훔치거나 성인용 비디오 같은 것을 보고 싶은 것과 같은 커다란 유혹이 올 때도 있어요. 그렇지만 어떤 유혹이 오더라도 하나님의 말씀은 우리가 유혹을 이길 수 있도록 도와주세요.

하나님의 말씀은 우리가 유혹을 이길 수 있도록 도와주세요. 놀랍게도 하나님은 말씀을 사용하는 데 나이의 제한을 두지 않으셨어요. 여러분과 같은 5·6학년 어린이들도 예수님이 유혹을 물리치실 때 하신 것과 똑같은 능력으로 말씀을 사용할 수 있어요. 자, 여러분도 한번 해볼까요?

| 마무리 | 상황과 적용

어린이 교재 '상황과 적용' 부분을 어린이 한 명이 하나씩 맡아서 생각하고 토론할 수 있도록 하라. 각 상황에 맞는 아래의 성경 구절을 카드 모양으로 만들어 각 상황을 맡은 어린이들에게 제시한 후 자신들이 생각한 것과 비교할 수 있도록 하라.

상황 1 – 적용: 누가복음 20장 21-25절
상황 2 – 적용: 누가복음 12장 8-9절
상황 3 – 적용: 마태복음 6장 14-15절
상황 4 – 적용: 에베소서 2장 8-10절
상황 5 – 적용: 마태복음 5장 9절
상황 6 – 적용: 마태복음 5장 23-24절
상황 7 – 적용: 마태복음 7장 21-23절
상황 8 – 적용: 마태복음 6장 33-34절
상황 9 – 적용: 로마서 12장 1-2절
상황 10 – 적용: 로마서 13장 1-2절

• 하나님의 말씀을 각각의 상황에 적용하는 데 어떤 어려움이 있었나요? 왜 그렇죠?

유혹이 다가오면 어려움을 느끼곤 해요. 그러나 하나님의 말씀은 우리가 유혹을 이길 수 있도록 도와주세요. 그래서 하나님 말씀을 알고 이해하는 것이 매우 중요해요. 우리가 말씀으로 유혹을 물리칠 수 있도록 늘 하나님 말씀을 읽고 암기해야 해요. 하나님의 말씀을 읽고, 외워서 내 것으로 만드는 것은 유혹이라는 적이 진을 치고 있는 전쟁터에서 칼을 가지는 것과 같아요. 유혹의 적이 올 때 적절한 칼을 꺼내서 그 유혹을 단칼에 베어버려야 해요.

여러분 혼자서는 결코 유혹을 이길 수 없어요. 하나님의 말씀이 여러분을 도와주어야만 해요. 옆에 있는 믿음의 친구들과 함께 말씀으로 유혹을 이겨나갈 수 있도록 하나님께 기도드려요.

옆 친구의 손을 잡게 하고, 교사가 어린이들이 말씀으로 유혹을 이길 수 있도록 기도해준 후에 마치라.

예수마당 성경공부 13

유혹!

마태복음 4:1-11

1

아빠는 세금이 너무 많다며 정부에서 내라는 대로 다 내는 것은 바보들이나 하는 짓이라고 말씀하신다. 그리고 소득 신고를 할 때 적당히 줄여서 하신다. 아빠의 말에 일리가 전혀 없지는 않지만, 그래도…

2

전도? 그만둬! 친구들이 날 광신자로 생각할 거야. 그러니 앞으로 예수님이나, 교회, 하나님, 종교 등에 대해 물어오는 친구가 있으면 얼른 화제를 다른 데로 돌리라구.

3

나영이의 말 한마디로 내가 쌓아 온 명성은 하루 아침에 무너지고 말았다. 이제 모두들 나를 얼간이라고 생각한다. 나영이는 저 뒤에서 웃고 있고, 나는 나영이를 패주고 싶다.

4

나는 교회에서 활동적으로 봉사한다. 성가대에서는 솔로도 하고, 주일학교 반장도 하고, 평일에도 교회에서 살다시피 한다. 그러니 하나님은 나를 천국의 앞자리에 앉혀주실 거라고 생각하는 것도 전혀 이상한 일이 아니다. 내가 한 일에 비하면 그 정도는 아무것도 아니지, 뭐.

5

친구 둘이 싸우고 있다. 싸운 지 얼마 되지도 않았는데…. 싸움을 말리고는 싶지만 괜히 끼어들었다가는 한 사람 편을 드는 것 같아 싫고, 또 잘못하면 다른 친구가 속상해할 텐데 어떻게 하지?

6

친구 기분을 상하게 하는 말이 나도 모르게 불쑥 튀어나오고 말았다. 에이, 뭐 그 정도 실수야 누구든지 하는 거지. 내일이면 다 잊고 다시 친하게 지낼 수 있을 거야. 하지만 왜 이렇게 마음 한 구석이 찜찜하지?

*이런 유혹을 어떻게 이길 수 있을까요?

7

한 친구가 천국에 들어가려면 예수님이 구세주라는 것을 고백하기만 하면 된다고 한다. 그래? 그럼 기도도 하고, 약속도 하고, 나머지는 내 마음대로 하지 뭐. 왜냐고? 예수님이 나를 천국에 들여보내주신다고 약속하셨으니까. 안 그래?

8

오늘 학교 연극부에 들어가려고 오디션을 보았다. 잘되면 열심히 해서 꼭 유명한 배우가 되어야지. 그러면 돈도 많이 벌고 내가 하고 싶은 일도 전부 할 수 있을 거야. 아, 생각만 해도 가슴이 두근두근하네.

9

그래, 담배가 몸에 좋지 않다는 것은 사실이야. 하지만 그렇게 말하면 과식도 마찬가지잖아. 매연 들이마시고 식품에 들어 있는 방부제도 먹는 세상인데. 사람이 천년만년 사는 것도 아니고. 담배 한 대 피우는 게 그렇게 나쁜가?

10

늦어서 빨리 가야 하는데 신호등이 빨간 불이다. 마침 길에는 차도 사람도 하나도 없다. 신호 하나 지키지 않는다고 무슨 큰 일이 나는 것도 아니고. 다른 사람한테 피해를 주는 것도 아닌데 얼른 건너지 뭐.

14 누구의 노래인가?

| 성경 본문 | 고린도전서 10:23-33

| 중심 성경 구절 | "또한 네가 청년의 정욕을 피하고 주를 깨끗한 마음으로 부르는 자들과 함께 의와 믿음과 사랑과 화평을 좇으라"(딤후 2:22).

| 포인트 | 생각과 행동에 좋은 영향을 끼치는 음악을 들으라.

| 포인트 익히기 | 어린이들이 ➲ 음악을 들을 때 어떤 느낌이 드는지 토의하고 ➲ 여러 종류의 음악을 듣는 데 얼마만큼의 시간을 들이는지 살펴보며 ➲ 어떤 음악을 들을지 한 번 더 생각하고 신중하게 듣기로 다짐하게 한다.

구분	활동 내용	준비물
배움터	**음악 순례** 자기가 좋아하는 여러 음악들에 대해 이야기하고 그 음악을 들을 때 어떤 느낌을 받는지 토의한다.	종이, 펜
성경 이야기	**음악 감상 이퀄라이저** 음악을 듣는 데 얼마나 많은 시간을 사용하는지 알아보고, 고린도전서 10장 23-33절에 나오는 바울의 권면을 듣는다.	성경, 어린이 교재, 색연필
마무리	**난 알아요!** 시편 95편 1-2절을 읽고 좋은 음악에 대해 생각한다.	성경, 어린이 교재, 펜

| 성경 배경 |

어떤 영향들은 그것이 미치는 범위가 너무 커서 그 영향에 의문을 제기하면 우리 자신이 공격을 받는 것처럼 느껴지기도 한다. 그런 영향을 끼치는 것 중의 하나가 바로 음악이다. 사람들이 어떤 음악을 좋아하게 되느냐는 부모님이나 친구들처럼 어린 시절 그들의 삶에서 가장 중요한 부분을 차지하는 사람들을 따라 (혹은 그에 반발하여) 결정된다. 음악은 수많은 시편 구절처럼 우리에게 영감을 주고 새로운 활력을 준다. 그러나 음악이 우리 삶에 부정적인 영향을 주는 것 또한 사실이다.

이스라엘 백성의 삶에서 구약의 음악, 특히 성전에서의 제사와 관련된 음악은 다른 부분과 떼려야 뗄 수 없는 밀접한 관계를 맺고 있다. 이에 비해 신약 시대에는, 계시록을 제외하면 음악이 직접 언급된 것은 겨우 수차례에 불과하다. 이것은 초대교회가 구약의 원칙을 지키지 않은 것이 아니라 그리스도께 집중했기 때문이다.

어린이들은 자기가 좋아하는 음악을 변호한다. 그러나 음악을 비롯한 모든 창조적인 예술은 그렇게 간단하게 규정될 수 없다는 것을 배워야 한다. 특히 이 시대의 어린이들은 모든 음악이 들어서 좋은 것은 아니라는 사실을 깨달아야 한다. 5 · 6학년 어린이들은 어떤 음악을 들을 건지 자신이 선택하는 것이 전혀 문제될 게 없다고 생각할 수도 있다. 그러나 음악은 자라는 어린이들의 사고와 도덕성에 지대한 영향을 미친다. 따라서 그 음악이 어떤 것인지 신중하게 생각하고 듣는 법을 배워야 한다. 이 과를 통해 5 · 6학년 어린이들에게 음악의 긍정적인 면과 부정적인 면을 어떻게 평가할 수 있는지를 가르쳐주라.

| 배움터 | 음악 순례

교사는 미리 A4 종이에 각 각 '발라드, 댄스, 락, CCM(찬양), 클래식, 영화 음악' 이라고 적은 종이를 한 장씩 준비해 해당 음악이 나올 때 종이를 바닥에 펼쳐놓는다. 선생님이 상황을 설정해주면 어린이들에게 자신이 선택하고 싶은 음악의 종류를 선택하여 자기 소지품을 그 종이 위에 놓게 하고, 다음 단계에서 다른 음악을 선택하면 소지품을 다른 제목이 적혀 있는 종이 위에 옮겨놓으라고 하라.

사람들은 저마다 좋아하는 음악의 종류가 달라요. 그래서 이 시간에는 여러분이 어떤 종류의 음악을 좋아하는지 알아보려고 해요.

여러분이 지금 자동차를 타고 장거리 여행을 하고 있다고 가정해보세요. 시간은 밤이고, 여러분은 자동차 안에서 라디오로 음악을 듣고 있어요. 마침 산자락에 접어들면서 라디오에는 두 개의 방송 채널만 잡히고 있어요. 자, 그럼 이제 여러분은 어느 방송을 들을지 선택해야 해요. 첫 번째 방송국에서는 부드러운 발라드 음악이 나오고 있어요. 그리고 다른 방송국에서는 흥겨운 댄스 음악이 나오고 있어요. 발라드 음악을 듣겠다고 선택한 친구들은 '발라드' 라고 적힌 종이 위에, '댄스' 음악을 듣겠다고 선택한 친구들은 댄스라고 적힌 종이 위에 자기 소지품을 하나 올려놓으세요.

종이를 바닥에 펼친다.

누구나 둘 중에 하나를 반드시 선택해야 해요.

모두 하나씩 선택하여 소지품을 놓았으면 다시 이야기하라.

자동차가 넓은 길로 나오면서 다른 방송이 잡히기 시작했어요. 이번에는 정열적인 락 음악과 클래식 음악이 나오고 있어요. 어느 방송을 들을지 선택하세요. 자, 락 음악이 듣고 싶은 친구들은 '락' 이라고 쓰인 종이 위에 소지품을 옮겨놓으세요. 클래식을 듣고 싶은 친구들은 '클래식' 이라고 쓰인 종이 위에 소지품을 옮겨놓으세요.

모두 소지품을 옮긴 후에 다음과 같이 이야기하라.

이번에는 새로운 음악이 들리네요. 아, 이것은 CCM(찬양)이에요. 자, CCM(찬양)이 듣고 싶은 친구들은 'CCM(찬양)' 이라고 적힌 종이 위에 소지품을 옮겨놓으세요.

- 여러분은 왜 그런 음악을 선택했나요?

우리 삶은 온통 음악에 둘러싸여 있다고도 말할 수 있어요. 라디오, 텔레비전, 영화에서도 계속 음악이 나오고, 자신이 고르지 않고 우연히 길을 가도, 혹은 차를 타고 가도 음악은 들려와요.

우리는 어떤 음악을 들어야 할까요? 음악은 우리의 생각과 행동에 많은 영향을 미치기 때문에 좋은 음악을 들어야 해요. 오늘 우리는 우리가 들어야 하는 음악에 대해 생각해보도록 하겠어요.

Bible | 성경 이야기 | 음악 감상 이퀄라이저

어린이들과 함께 고린도전서 10장 23-33절을 읽고, 성경 이야기를 들려주라.

우리가 읽은 본문은 사도 바울이 고린도 교회 교인들의 음식 문제에 대해 지적하고 있는 내용이에요. 구약 시대 때에는 하나님이 먹으라고 한 것만 먹어야 하는 법이 있었어요. 그러나 예수님은 복음으로 우리를 자유하게 해주셨어요. 그래서 사도 바울은 감사함으로 이제는 모든 것을 먹을 수 있다고 말했어요. 하지만 아직 믿음이 약한 사람이나, 교회 전체의 덕을 세우기 위해서는 그런 자유를 행사하는 것도 조심하라고 말하고 있는 거예요. 모든 것을 먹을 수는 있지만 모든 것이 유익한 것은 아니라는 사실을 분명하게 가르쳐주었어요. 물론 이 말씀은 음식에 대한 문제로 말씀하신 것이지만 우리가 생활 속에서 만나는 많은 문제에 대해서 어떻게 적용해야 할지 그 원리를 설명해주고 있어요.

조금 전에 우리 친구들이 어떤 음악을 좋아하는지 알아보았어요. 음악은 우리 삶에 없어서는 안 될 중요한 요소 중에 하나예요. 영화나 드라마에 음악이 없다고 생각해보세요. 얼마나 재미없겠어요. 그리고 예배드릴 때 찬양은 우리가 하나님과 더 깊이 만날 수 있도록 인도해줘요. 하지만 모든 음악이 다 좋은 음악은 아니에요. 하나님은 모든 음악을 다 들을 수는 있지만 모든 것이 유익한 것이 아니라고 말씀하세요.

성경 이야기를 마치면 어린이 교재를 펴고 이퀄라이저 그림을 가리키면서 설명해준다.

여러분이 들어도 좋은 음악과 좋지 않은 음악을 각각 얼마나 많이 듣고 있는지 알아보겠어요. 여러분 교재의 이퀄라이저 그림은 지난 한 주 동안에 여러분이 음악을 듣는 데 사용한 시간을 나타낼 거예요. 그럼 먼저 여러분이 들은 음악 가운데 나쁜 영향을 주는 것들은 어떤 것이 있는지 생각해보세요. 예를 들면 사랑이라는 이름만 붙이면 누구하고도 신체적인 접촉을 할 수 있다고 조장하는 노래나 폭력을 직접적으로 묘사하거나, 심한 노출이나 신체 접촉을 내용으로 하는 뮤직 비디오 등이 있어요.

여러분이 음악을 듣는 시간이 얼마나 되는지 이퀄라이저에 표시해보세요. 각각의 시간에 맞게 칸에 색칠해보세요.

활동을 마치고 나면 질문하라.

- 이 그래프는 무엇을 말해주고 있나요?
- 사람들이 그렇게 오랫동안 음악을 듣는 이유가 무엇일까요?

음악은 우리의 생각과 행동에 많은 영향을 주고 있어요. 어떤 음악을 듣느냐에 따라 사람들은 다른 반응을 나타내요. 음악은 듣는 사람을 즐겁게 만들기도 하지만, 어떤 음악은 마음을 혼란하게도 하고 세상에 대해 부정적이고 회의적인 생각을 갖게도 만들어요. 그러므로 모든 음악이 다 좋은 것이라고 말할 수는 없어요. 우리에게 좋은 영향을 주는 음악을 선택해서 들어야 해요. 좋은 음악은 우리의 생각과 행동에 좋은 영향을 주기 때문이에요. 그래서 우리는 하나님을 찬양하는 음악이나 우리에게 좋은 영향을 미치는 음악을 들어야 해요.

Street | 마무리 | 난 알아요!

어린이들과 함께 시편 95편 1-2절을 읽고, 어린이 교재의 질문에 답하게 하라.

- 어떤 음악을 좋은 음악이라고 생각하나요?
- 좋은 음악을 듣기 위해서는 어떻게 해야 할까요?

맞아요. 우리 마음이 하나님을 찬양하며 기뻐하면 음악도 그런 음악을 좋아하게 되겠죠? 좋은 음악이 담겨 있는 CD나 테이프를 사서 들어도 되고 교회에서 그런 찬양을 배울 수도 있어요.

오늘은 음악이 우리 생각과 행동에 많은 영향을 끼친다는 것을 배웠어요. 그래서 이 시간에는 우리가 하나님을 기쁘시게 할 수 있는 생각과 행동을 할 수 있는 음악을 선택하기로 결단하는 시간을 갖겠어요.

우리에게 좋은 영향을 주는 음악을 들을 때 하나님을 기쁘시게 하는 생각과 행동을 할 수 있어요. 우리에게 좋은 음악을 주신 하나님께 감사 기도를 드리겠어요.

어린이들이 기도하면서 좋은 음악을 듣기로 결단하게 하고 좋은 음악을 주신 하나님께 감사 기도로 마치라.

예수마당 성경공부 14

누구의 노래인가?

고린도전서 10:23-33

내가 하루 동안 즐겨 듣는 음악의 장르에 색칠하세요.

1. 어떤 음악을 좋은 음악이라고 생각하나요?

2. 좋은 음악을 듣기 위해서는 어떻게 해야 할까요?

15 성전인 몸

| 성경 본문 | 고린도전서 6:19-20

| 중심 성경 구절 | "또한 네가 청년의 정욕을 피하고 주를 깨끗한 마음으로 부르는 자들과 함께 의와 믿음과 사랑과 화평을 좇으라"(딤후 2:22).

| 포인트 | 몸과 마음을 돌봄으로 하나님께 영광을 돌리라.

| 포인트 익히기 | 어린이들이 ◐ 유혹을 막기 위해 보호 장치가 필요함을 느끼고 ◐ 본문 속에서 하나님이 말씀하시는 우리 몸이 어떤 존재인지 배우며 ◐ 예수님을 모시기에 부끄러움이 없는 몸으로 관리하기를 결단하게 한다.

구분	활동 내용	준비물
배움터	**금지 구역** 금지 구역이나 보호 구역에 관한 예들을 찾아본다.	어린이 교재, 펜
성경 이야기	**하나님의 성전을 지켜라** 고린도전서 6장 19-20절 말씀을 통해 우리 몸이 어떤 곳이지 분명히 이해하고 어떻게 관리해야 할지 알아본다.	성경
마무리	**어서 오세요, 예수님** 예수님이 우리를 방문하신다고 상상해본다.	어린이 교재, 펜

성경 배경

하나님은 우리에게 하나님의 성전인 자기 몸을 돌보도록 책임을 부여하셨다. 그렇지만 사람들은 그 책임을 신중하게 받아들이지 않는다. 우리가 내리는 나쁜 선택들은 조금씩 들어와 우리에게 영향을 끼치면서 하나님의 성전인 우리 몸과 영혼을 상하게 하고 파괴한다.

바울은 혹시라도 몇몇 신자들이 복음을 믿기 때문에 이제는 일반적인 도덕 법칙 따위는 전혀 지키지 않아도 된다고 생각할까 걱정했다. 그래서 초대교회의 성도들에게 우리의 영혼뿐 아니라 몸도 그리스도를 통해 구속되었고, 이제 우리는 자신의 몸을 성령님이 거하시는 거룩한 성전으로 여겨야 한다고 강조했다.

5·6학년 어린이들 역시 하나님의 성전인 몸을 함부로 사용하라는 유혹을 받는다. TV와 광고에서는 음주나 흡연을 미화하고, 친구들은 신경 안정제나 본드 같은 걸 해보라고 압력을 넣기도 한다. 대부분의 어린이들에게 있어, 또래 친구들과 어울리기 위한 이런 통과 의례적인 유혹을 이기는 것은 너무도 어려울 수 있다. 어린이들은 하나님이 자기를 얼마나 귀하게 여기시는지 깨달아야 한다. 그리고 하나님의 성전인 몸을 이러한 오남용으로부터 지켜야 한다. 이 과를 통해 어린이들에게 하나님은 우리가 자신의 몸을 돌보기를 원하신다는 사실을 가르치라.

| 배움터 | 금지 구역

어린이들을 두 모둠으로 나눈 후, 어린이 교재를 사용해서 금지 구역이나 보호 구역에 관해 적고 토론하게 한다.

여러분 학교 주변에 가면 여러분을 보호하기 위해 등하교 시간에 차들이 다니지 못하도록 정해놓은 어린이 보호 구역이 있어요. 주변을 잘 살펴보면 어린이 보호 구역 외에도 여러 가지 보호 구역이 있을 수 있어요. 어떤 구역들이 더 있는지 찾아보세요. 담배 피우는 사람이 내뿜는 담배 연기로부터 보호해주는 금연 구역도 좋고, 학교 폭력을 추방하자는 폭력 금지 구역도 좋겠어요. 이밖에 우리가 거부하고 금지할 수 있는 좋지 않은 것들을 찾아서 여러분 교재에 적어보세요. 또한 새롭게 금지해야 할 것은 어떤 것이 있는지 적어보세요. 그리고 서로가 적은 내용을 토의해보세요.

- 이런 여러 가지 금지 구역을 보게 되면 어떤 기분이 들까요?
- 어떤 것들을 금지해야 할지 정할 때 어떤 점들이 어려울까요?
- 그 밖에 여러분이 해서는 안 된다고 압력을 받고 있는 것들에는 어떤 것들이 있을까요?

여러분의 부모님은 여러분에게 TV를 한 시간 이상 보지 못하게 하실 수도 있고, 커피나 술 같은 것도 마시지 못하게 하시죠. 또 뭐가 있을까요? 그래요, 어떤 영화들도 보지 못하게 하세요.

왜 부모님이나 선생님이 여러분에게 그런 것을 하지 못하게 하실까요? 맞아요. 그런 것들의 좋지 못한 영향력에서 여러분의 몸과 영혼을 보호하기 위해서 그러시는 거예요.

우리는 날마다 우리를 나쁜 길로 유혹하는 것들과 마주치고, 어떤 것을 선택해야 하는 자리에 서게 돼요. 이럴 때 우리는 어떻게 해야 할까요? 하나님은 우리가 자신의 몸과 마음을 잘 지키고 돌봐서 하나님께 영광 돌리기를 원하세요. 그래서 오늘은 어떻게 하면 우리의 몸과 마음을 건강하게 유지할 수 있는지 배우겠어요.

| 성경 이야기 | 하나님의 성전을 지켜라

어린이들과 함께 고린도전서 6장 12-20절을 읽고, 성경 이야기를 들려주라.

하나님은 우리가 읽은 말씀을 통해 우리 몸이 어떤 존재인지를 분명하게 말씀하고 계세요. 사람이 죽으면 영혼은 천국으로 가고 몸은 흙으로 돌아가기 때문에, 몸이 아무것도 아니라고 말하는 사람도 있어요. 하지만 오늘 말씀을 보면 하나님은 몸을 아주 소중한 존재라고 말씀하세요. 바로 성령 하나님이 거하시는 성전이라고 말씀하세요. 그리고 우리 몸이지만 우리 마음대로 할 수 있는 것이 아니라고 하세요. 우리 생명을 예수 그리스도의 피 값으로 사주신 것처럼, 우리의 몸도 주님이 값을 주고 사셨다고 말씀하고 있어요. 예수님이 사신 우리 생명이 소중한 것처럼 우리의 몸도 소중함을 분명하게 말씀하고 있어요.

성령 하나님이 거하시는 교회인 우리 몸을 더러운 음식과 약품들 그리고 성적인 죄로 더럽혀서는 안 된다고 분명히 말씀하고 계세요. 그 이유는 성령 하나님은 거룩하신 분이시기 때문에 더러운 곳에는 거하지 못하시기 때문이에요. 우리가 우리 몸을 더럽히게 되면 성령님은 떠나실 수밖에 없어요. 내 안에 하나님이 더 이상 계시지 않는다는 것은 상상하기도 싫은 일이에요. 그것은 곧 영원한 죽음을 의미하기 때문이에요.

우리는 먹는 것, 보는 것, 만지는 것, 듣는 것 그리고 마음에 담는 것까지 주의해야 해요. 요즘은 주위에 온통 우리를 더럽히는 것들이 널려 있어요. 조금만 방심하면 우리에게 더러운 것들이 들어와 우리의 몸과 마음과 영혼을 더럽히고 말아요.

성경 이야기를 마치고 나면, 이렇게 질문하라.

- 하나님이 여러분 안에 계시면 여러분은 무엇이 된다고 했나요?
- 지금 이 교회 안에 술병이 나뒹굴고, 벽에는 온갖 더러운 사진들이 붙어 있다면 여러분 기분이 어떨까요?
- 하나님의 성전인 여러분의 몸을 더럽히고 있는 것은 없나요?

하나님은 우리를 너무도 소중하게 여기셔서 우리를 하나님이 거하시는 성전으로 삼으셨어요. 그리고 하나님은 우리가 술이나 담배 혹은 본드 흡입, 습관성 약품 같은 것들로 몸과 마음을 상하지 않기를 원하세요. 여러분 주변에서나 혹 여러분 가운데는 이미 술이나 담배 혹은 포르노 테이프와 같이 우리 몸에 나쁜 것들을 해보자는 유혹을 받아본 경험이 있는 친구들도 있을 거예요. 아직 그런 경험이 없는 친구들도 앞으로 언젠가는 그런 유혹을 받게 될 거예요. 그런 유혹이 오면 여러분의 몸은 하나님이 계시는 하나님의 성전이라는 사실을 기억하세요. 하나님은 여러분이 몸과 마음을 건강하게 지켜서 하나님께 영광 돌리기를 원하세요.

| 마무리 | 어서 오세요, 예수님

어린이들을 둘씩 짝을 짓게 하고 이야기하라.

오늘 예수님이 여러분 가정을 찾아가신다고 가정해보세요. 여러분이 하는 행동들을 보시면 예수님이 뭐라고 하실까요? 혹시 여러분이 침대 밑에나 책상 서랍에 숨겨놓은 물건들을 보고 놀라시지는 않을까요? 하루 종일 예수님이 여러분과 함께 다니신다면 여러분이 하는 행동들을 보고 예수님은 어떤 생각을 하실까요? 그리고 여러분이 하는 것 중에서 어떤 것들을 바꾸었으면 하고 원하실까요? 지금부터 3, 4분 동안 짝과 함께 토의해보세요.

시간이 되면 어린이들이 토의한 내용을 발표하게 하라.

여러분이 알고 있든, 모르고 있든, 예수님은 날마다 여러분을 찾아가세요. 예수님은 여러분이 한 말을 모두 알고 계세요. 그리고 겉으로 드러내지 않았지만 마음속에 어떤 생각을 하고 있는지도 다 알고 계세요. 하나님은 우리가 몸과 마음을 상하지 않기를 원하세요. 건강한 몸과 마음으로 하나님께 영광 돌리기를 원하세요. 다음번에 여러분에게 그런 유혹이 닥쳐오면 하나님께 도와달라고 기도하세요. 예수님은 여러분을 사랑하시기 때문에 언제든지 여러분을 도와주실 거예요. 그리고 유혹에 관계된 것을 가지고 있으면 버리고 지금까지 한 나쁜 습관이 있다면 다시는 하지 않겠다고 약속하는 시간을 갖겠어요.

어린이 교재에 있는 '어서 오세요, 예수님' 란에 어린이들의 결심을 적도록 하라.

"어서 오세요, 예수님. 과거의 (   )을 버리고 이제부터는 (   ) 살도록 하겠어요."

다 적고 나면 어린이들을 격려해주고, 유혹에서 이길 수 있도록 기도해주고 마치라.

예수마당 성경공부 15

성전인 몸

고린도전서 6:19-20

✎보호 구역이나 금지 구역에는 어떤 것들이 있나요?

1. 이런 여러 가지 금지 구역을 보게 되면 어떤 기분이 들까요?
2. 어떤 것들을 금지해야 할지 정할 때 어떤 점들이 어려울까요?
3. 그 밖에 여러분이 해서는 안 된다고 압력을 받고 있는 것들은 어떤 것이 있을까요?

정지 STOP
미성년자 관람불가
위험 DANGER
만18세 출입금지
통행금
보행금지

✎자신의 결심을 적으세요.

"어서 오세요, 예수님. 과거의 ____________을 버리고
이제부터는 ____________살도록 하겠어요."

16 미디어 바로 보기

| 성경 본문 | 베드로후서 2:1-3

| 중심 성경 구절 | "또한 네가 청년의 정욕을 피하고 주를 깨끗한 마음으로 부르는 자들과 함께 의와 믿음과 사랑과 화평을 좇으라"(딤후 2:22).

| 포인트 | 보고 듣는 것을 올바르게 판단하라.

| 포인트 익히기 | 어린이들이 ➲ TV가 만들어내는 이미지가 어떤 것인지 조사하고 ➲ 영화나 비디오 같은 영상들이 하나님과의 관계에 어떤 영향을 끼치는지 토의하며 ➲ 하나님이 주시는 지혜를 구하기 위해 결심하게 한다.

구분	활동 내용	준비물
배움터	**이 장면 기억나나요?** 미디어가 주는 효과가 얼마나 오랫동안 지속되는지 그 영향력에 대해 토의한다.	어린이 교재, 펜
성경 이야기	**진짜? 가짜?** 본문을 통해 진짜처럼 포장해 유혹하는 거짓 선지자에 대해 배운다.	성경
마무리	**지혜의 샤워** 하나님의 지혜에 대해 생각한다.	어린이 교재, 펜

| 성경 배경 |

젊은 사람들은 새로운 것을 시도하기를 좋아한다. 그러나 그런 행동의 결과가 어떻게 나타날지에 대해서는 제대로 판단하지 못하는 경우도 있다. 어떤 길이 악한 길인지 알기 위해서는 보고 듣는 것을 올바로 판단하는 지혜가 필요하다. 자신이 의식하든지 의식 못하든지 우리는 많은 것들로부터 영향을 받고 있으며, 영향을 받은 것에 따라 말과 행동을 하기도 한다.

베드로후서는 교회들에게 장차 있을 일들을 경고하기 위해 쓰여졌다고 할 수 있다. 그 시대의 교회는 동양에서 온 여러 이방 종교의 영향을 받았고, 점성술과 마술이 유행하던 시기였다. 베드로는 복음이 전하는 메시지가 여러 종교의 혼합으로 본질을 잃어버릴까 근심하였다. 이에 베드로는 돌려서 말하지 않고 거짓 선지자들의 위험성을 깨닫고 그리스도인들이 그런 사람들을 경계할 것을 분명히 권면하였다. 베드로후서 2장 1-3절의 내용은 다음과 같이 바꿔 말할 수 있다. "조심하고 또 조심하라. 네가 보고 듣는 것을 지혜롭게 판단하라. 거짓 선생들의 가르침과 호색에 속지 말라."

5·6학년 어린이들도 이러한 거짓 교훈에 넘어갈 가능성에 노출되어 있다. 어린이들이 날마다 접하는 TV 프로그램이나, 영화, 음악, 잡지, 신문 등에는 너무도 많은 거짓 선생들이 등장한다. 그리고 그러한 풍조를 따라갈 때, 그들의 마음은 어느새 폭력과 폭언과 탐욕으로 가득 차게 된다.

5·6학년 어린이들은 그들이 보고 듣는 것을 올바로 평가하는 법과, 오늘날의 미디어들이 자신과 하나님의 관계에 어떤 영향을 미치는가에 대해 올바로 배워야 할 필요성이 절실하다. 이번 과를 통해 어린이들이 미디어가 전하는 메시지를 올바로 평가할 수 있는 방법들을 배울 수 있도록 이끌어주라.

| 배움터 | 이 장면 기억나나요?

어린이들을 세 모둠으로 나누라. 그리고 어린이 교재에 있는 'TV 프로그램 편성표'를 보고 어떤 것인지 그 제목과 내용을 적도록 한다. 빨리 기록한 모둠은 손을 들고 표시하도록 하고 먼저 발표할 수 있는 기회를 주라. 내용은 다음과 같다.

TV 프로그램 편성표
아프리카에 주기적으로 찾아오는 우기와 건기를 지내는 동물들의 지혜를 엿볼 수 있다. (동물의 왕국)
피터 잭슨 감독, 일라이저 우드, 이안 맥켈런, 리브 타일러, 비고 모텐슨, 숀 애스틴 주연. 절대 반지를 손에 넣어 세계를 다스리려는 악의 제왕 사우론. 그를 저지하고 절대 반지를 파괴하기 위해 불의 산으로 떠나는 프로도와 반지 원정대 친구들. 과연 중간 세계에 다시 평화가 찾아올 것인가? (주말의 명화 – 반지의 제왕)
연예인들이 초등학교 시절 같은 반에서 친하게 지내던 친구를 찾아내 어린 시절의 추억담을 나누어보는 프로그램 (해피투게더 – 프렌즈)
뚝딱이도 만나고 방귀대장 뿡뿡이도 만나요, 유아 프로그램의 최고봉 (딩동댕 유치원)
국내외에서 벌어지는 새로운 사건들을 전 국민에게 알려주며 항상 같은 시간대에 하는 프로그램 (뉴스)
(무한도전)
(나니아의 연대기–사자와 마녀의 옷장)
(상상플러스)

영화나 TV, 음악 등을 만들어내는 사람들은 그것을 보거나 듣는 사람에게 오랫동안 기억에 남는 프로그램을 만들려고 수많은 돈을 들이지요. 이런 일 자체는 나쁘다고 말할 수 없지만 그렇게 만들어낸 프로그램이나 영화들이 모두 다 좋은 것만은 아니에요. 우리는 보고 듣는 것들에 대해 준비를 하고 있어야 해요. 하나님은 우리가 올바른 기준을 가지고 보고 듣는 것을 판단하라고 말씀하세요.

• 어떻게 하면 좋은 TV나 영화 또는 비디오를 골라서 보도록 서로를 격려할 수 있을까요?

우리가 보고 듣는 것들 중 어떤 것은 우리가 원하지 않는데 볼 수밖에 없는 것들도 있어요.

예를 들면 TV나 영화 비디오에서 나오는 광고들이 그런 경우예요. 그래도 우리는 보고 듣는 것에 대해서 올바른 기준을 가져야 해요. 거짓된 내용, 탐심에 관한 것, 하나님을 부인하는 것, 폭력적인 것, 정상적이지 않은 남녀 관계들은 하나님의 말씀에서 벗어났기 때문에 멀리하며 보고 듣지 말아야 해요.

Bible | 성경 이야기 | 진짜? 가짜?

어린이들과 함께 베드로후서 2장 1-3절을 읽고, 성경 이야기를 들려주라.

지금까지 사탄은 그 시대에 가장 영향력 있는 수단을 통해 사람들을 유혹해왔어요. 심지어 교회가 가장 영향력 있던 시대에조차 교회까지 들어와 사람들을 유혹했어요. 사탄은 얼마나 교묘한지 바로 가짜를 내어놓지 않고, 가짜를 진짜처럼 잘 포장해서 사람들을 속여요. 정신을 차리고 깨어 있지 않으면 우리도 언제 진짜처럼 포장된 가짜에 넘어갈지 몰라요. 사람들이 가장 많이 몰려드는 수단을 통해 보기에는 그럴 듯하고 유익한 것처럼 포장해 조금씩 사람을 병들어가게 만드는 거예요. 그렇게 해서 결국은 빠져나오지 못하게 하는 것이 바로 사탄의 전략이에요. 오늘 우리가 읽은 본문에서 하나님은 우리 중에 있는 거짓 선생들을 조심하라고 말씀하세요.

요즘 가장 영향력 있는 수단이 무엇인가요? 바로 미디어예요. 대표적인 것이 TV인데요, TV에 한 번만 나오면 그 영향력은 대단하죠. 어제까지 파리만 날리던 식당도 TV에 한 번만 나오면 사람들이 줄을 서서 기다려 먹으려 해요. 또 모든 사람들이 어제까지는 진짜라고 믿었는데 TV에서 가짜라고 하면 모두가 가짜라고 믿어요. 사람들은 TV에서 보여주는 것이 전부라고 믿고 있어요. 사탄은 이것을 이용하고 있는 거예요. TV뿐 아니라 영화, 광고, 잡지, 책 등 눈에 보이는 모든 것으로 "예수님도 가짜다. 무슨 신이든 믿기만 하면 된다. 하나님은 없다. 네 마음대로 살아라" 그렇게 유혹하고 있는 거예요.

오늘 우리가 읽은 본문에서는 우리 삶 속에 몰래 들어와 우리를 유혹하는 이를 거짓 선지자, 거짓 선생들이라고 말씀해주고 있어요.

성경 이야기를 마치고 나면, 질문을 하라.

- TV나 광고를 보고 혹시 속은 적이 있나요?
- 여러분이 기억하는 것 중에 전 국민을 놀라게 했던 가장 큰 거짓말은 무엇이었나요?

너무나 많은 사람들이 우리를 속이려고 하기 때문에 누구 말을 믿을 수 있는지 올바로 판단하는 것은 어려운 일이에요. 그러나 우리는 보고 듣는 것을 주의해서 올바른 판단을 해야 해요. 먹는 것에서부터 보고 느끼게 만드는 것들도 우리의 몸과 마음을 혼란하게 하고 해롭게 할 수 있어요. 또한 거짓을 전하면서 진리를 가장하여 전하기도 해요. 수많은 광고들도 주의해서 봐야 해요. 이런 모든 것들을 보고 들을 때 하나님의 기준에 근거해서 올바로 평가하는 것이 중요해요.

| 마무리 | 지혜의 샤워

하나님은 우리가 지혜를 구하면 하늘로부터 지혜를 비처럼 내려주신다고 약속하셨어요. 이제부터 지혜를 구하고 결단하는 시간을 갖겠어요.

어린이들을 두 명씩 짝을 짓게 하라. 그리고 다음과 같은 문장을 어린이 교재에 적은 다음 서로 말하게 하라.

이번 주에 나는 하나님의 지혜를 구하기 위해 다음과 같은 두 가지 일을 하겠어요.
첫째는 ( )이에요. 둘째는 ( )이에요.

아마 어린이들은 성경을 읽겠다거나, 기도를 하겠다거나, 친구를 돕는다든지, 가정에서 부모님을 위해 선한 일을 하겠다고 대답할 수 있다. 어린이들이 의견을 발표하면 격려해주라.

하나님은 우리가 보고 듣는 것을 바로 판단하기를 원하세요. 그렇지만 하나님은 우리 혼자 그 일을 하도록 내버려두지 않으세요. 하나님은 우리를 사랑하시기 때문에 우리가 지혜로운 판단을 할 수 있도록 항상 가까이서 도와주세요. 이번 주에는 이 사실을 꼭 기억하는 한 주가 되기를 바라겠어요.

어린이들이 결단한 두 가지를 실천할 수 있도록 격려해주고, 기도로 마치라.

예수마당 성경공부 16

미디어 바로 보기 ⇒ 베드로후서 2:1-3

✐아래 'TV 프로그램 편성표'를 보고 제목을 적어보세요.

TV 프로그램 편성표

번호	제목	내용
1		아프리카에 주기적으로 찾아오는 우기와 건기를 지내는 동물들의 지혜를 엿볼 수 있다.
2		**피터 잭슨 감독, 일라이저 우드, 이안 맥켈런 등 출연.** 절대 반지를 손에 넣어 중간 세계를 다스리려는 악의 제왕 사우론. 그를 저지하고 절대 반지를 영원히 파괴하는 임무를 띠고 불의 산으로 떠나는 프로도와 9명의 반지 원정대. 과연 중간 세계에 평화가 다시 찾아올 것인가?
3		연예인들이 초등학교 시절 같은 반에서 친하게 지내던 친구를 찾아내 어린 시절의 추억담을 나누어보는 프로그램
4		뚝딱이도 만나고 방귀대장 뿡뿡이도 만나요, 유아 프로그램의 최고봉
5		국내외에서 벌어지는 새로운 사건들을 전 국민에게 알려주며 항상 같은 시간대에 하는 프로그램
6	무한도전	
7	나니아의 연대기-사자와 마녀의 옷장	
8	상상플러스	

✐이번 주에 나는 하나님의 지혜를 구하기 위해 다음과 같은 두 가지 일을 하겠어요.

첫째는 ______________ 이에요.

둘째는 ______________ 이에요.

17 이기는 것이 능사가 아니에요

| **성경 본문** | 로마서 15:1-6

| **중심 성경 구절** | "또한 네가 청년의 정욕을 피하고 주를 깨끗한 이름으로 부르는 자들과 함께 의와 믿음과 사랑과 화평을 좇으라"(딤후 2:22).

| **포인트** | 경쟁심을 버리고 협력해서 사람들을 세우라.

| **포인트 익히기** | 어린이들이 ➲ 하나의 목표를 이루기 위해 서로 협력하고 ➲ 경쟁할 때 어떤 느낌을 받는지 체험하며 ➲ 성경은 경쟁과 협력에 대해 뭐라고 말씀하는지 탐구하게 한다.

구분	활동 내용	준비물
배움터	**탁구공을 바구니에** 힘을 합해야 이기는 게임을 해본다.	탁구공 다섯 개, 나무젓가락, 상자 두 개
성경 이야기	**내가 더 귀해** 로마서 15장 1-6절을 토의하고, 사람 몸의 여러 지체가 다 중요하다는 것을 경험한다.	어린이 교재, 성경, 펜
마무리	**젓가락 토스** 친구에게 격려를 해본다.	나무젓가락

| 성경 배경 |

바울이 로마서를 기록한 데에는 두 가지 목적이 있다. 먼저 자신의 로마 방문을 미리 예비하는 것이고, 그 다음으로 로마에 있는 그리스도인들의 호의를 얻기 위함이다. 그러나 정작 바울이 로마를 방문한 것은 3년 후, 그것도 죄수의 신분으로였다. 그럼에도 불구하고 바울을 맞이하는 로마 사람들의 환영은 뜨거웠다. 그것은 누가가 기록했듯이 상당수의 그리스도인들이 바울이 로마에 온다는 소식을 듣고 로마에서 70킬로미터나 떨어진 곳에서부터 바울을 맞이하러 온 것을 보아도 알 수 있다(행 28:15).

모든 사람은 태어날 때부터 살아남아야겠다는 강한 본능을 가지고 태어난다. 그리고 성장하면서 이러한 생존 본능은 공격적인 경쟁의 모습으로 나타나기도 한다. 그래서 본문 말씀은 우리의 귀를 거슬리고 마음을 불편하게 한다. 이 세상과 우리의 본성은 우리로 하여금 다른 사람들을 짓밟고서라도 저 높은 산의 정상에 오르라고 떠민다. 그러나 바울은 그리스도인들에게 이웃을 기쁘게 하고 선을 이루라고 권면하고 있다.

예수님은 우리가 하나 되어 서로 돕고 협력하라고 말씀하셨다. 그러나 어린이들은 이미 1등이 되지 않으면 안 된다는 생각이 주입된 상태다. 학교에서의 시험, 체육 활동, 각종 선거 등의 과정에서 이러한 생각을 더욱 굳히게 된다. 그러나 진정한 승리는 경쟁에서 혼자 살아남는 것이 아니다. 오히려 어떤 때는 경쟁이 모두를 무너뜨릴 수 있음을 하나님은 경고하신다. 이번 과를 통해 어린이들이 다른 사람을 먼저 생각하는 것이 그리스도를 본받는 삶이라는 것을 깨닫게 하라.

| 배움터 | 탁구공을 바구니에

어린이들 서너 명을 한 모둠이 되게 나누라. 그리고 나무젓가락을 한 쪽씩 나누어주라. 둥글게 앉아 작은 상자를 모둠 가운데 놓고, 상자 주위에 탁구공 다섯 개를 놓게 하라.

지금부터 여러분의 능력을 살펴보겠어요. 선생님이 '시작' 하면 밖에 있는 탁구공 다섯 개를 이 상자 안에 넣는 거예요. 단, 조건이 있어요. 공을 옮겨 담을 때 나무젓가락만 사용해야 하고, 나무젓가락은 탁구공에 닿아 있어야 해요. 탁구공 다섯 개를 상자 안에 먼저 넣는 모둠이 이기는 거예요. 우선 어떻게 넣을지 방법을 연구할 시간을 주겠어요. 연구하다가 선생님이 '시작' 이라고 외치면 시작하세요.

1분이 지나면 시작 신호를 주어 게임을 시작하라. 어린이들이 열심히 아이디어를 내어 이 게임에 참여하도록 이끌어 주라. 그리고 게임이 끝나면 모두에게 박수를 보내고 우승한 팀을 발표하고 2등과 3등, 4등한 팀도 함께 발표하라.

우리가 한 게임은 쉽지가 않았어요. 왜냐하면 혼자 하는 것도 아니고 까다로운 규칙이 있었기 때문이에요. 서로가 다른 생각을 하면 게임을 잘할 수 없어요. 이 게임을 잘하려면 서로의 마음을 하나로 모아야 하고 몸도 협조해야 해요. 한 모둠이 하나가 되어 협력하지 않으면 아무것도 이루어지지 않아요. 하나님은 우리가 경쟁심을 버리고 협력하여 사람을 세우기를 원하세요. 그 이유가 무엇일까요? 오늘 성경을 통해서 우리가 왜 협력해야 하고 어떻게 할 수 있는지 배우도록 하겠어요.

| 성경 이야기 | 내가 더 귀해

어린이들과 함께 로마서 15장 1-6절을 읽고, 성경 이야기를 들려주라.

하나님은 오늘 우리가 읽은 본문을 통해 함께 자라가는 것이 무엇인지 말씀해주고 계세요. 로마서 후반부에는 하나님의 백성들이 하나님의 뜻을 잘 구별해서 하나님이 기뻐하시는 거룩한 삶을 살도록 말씀하고 계세요. 그런데 나 혼자만 잘사는 것이 아니라, 모든 하나님의 백성들이 서로 도와 함께 살아가라고 말씀하세요. 특히 믿음이 약한 사람을 도와 믿음이 자라도록 도와주고, 한마음과 한목소리로 하나님께 영광을 돌리게 하라고 말씀하고 있어요. 왜냐하면 모든 하나님의 백성이 다 소중하기 때문이에요.

고린도전서 12장에서는 우리 모두를 몸의 지체로 비유하고 있어요. 우리 손이 아프면 손만 아픈 것이 아니라 온 몸이 아픈 것을 느끼는 것처럼, 우리는 각기 모양과 역할은 다르지만 어느 하나라도 버릴 수 없는 소중한 지체라는 것을 잘 설명해주고 있어요.

하나님은 본문을 통해 우리는 서로 경쟁하여 이기는 것이 목적이 아니라 서로 도와 함께 이기는 것이 목적이라고 말씀하고 있어요. 경쟁을 통해 어떤 상을 받는지에만 신경을 쓴다면 다른 친구들을 적으로 생각하기가 쉬워요. 그렇지만 협력을 하면 모든 친구들이 승리의 열매를 함께 나눌 수 있어요. 협력은 예수님이 교회에 주신 활동 방법이에요. 만일 서로 힘을 합하지 않는다면 지체들이 조화를 이루지 못하는 몸과 같아요. 그래서는 다른 사람들을 섬기는 일을 전혀 할 수 없게 되는 거예요.

성경 이야기를 마치고 나면, 어린이 교재를 펴게 하라.

여러분 교재에는 우리 신체 부위를 그려놓은 그림이 있어요. 처음 우리가 함께 했던 활동을 생각해보고 자신이 사용한 신체 부위에 V를 표시하고 그것이 왜 필요한지 이유를 적어보세요.

어린이들이 다 적고 나면 질문하라.

- 탁구공을 옮기는 데 가장 중요한 역할을 한 신체 부위는 어디인가요?
- 우리 모두가 경쟁심을 버리고 서로 합력한다면 이 세상은 어떻게 달라질까요?

탁구공을 목표 장소로 옮기는 일에도 우리 몸의 여러 부분이 서로 힘을 합해야 했어요. 만일 눈동자가 협조하지 않으면 목표가 어디인지 모르겠죠? 손이 파업을 일으키면 젓가락을 잡아 탁구공을 옮길 수가 없게 될 거예요. 그리고 두뇌가 '이런 일은 재미없어' 하고 거부하면 그때도 마찬가지가 될 거예요. 우리 몸을 이루는 많은 지체들이 서로 자기의 임무를 다하면서 힘을 합해야 해요. 만일 그렇지 않으면 아무런 일도 할 수 없게 돼요. 경쟁심은 모두를 무너뜨릴 수 있지만 협력은 모두를 세워줘요. 경쟁에서 이기면 어떤 상을 받는지에만 신경을 쓴다면 다른 친구들을 적으로 생각하기가 쉬워요. 서로가 조화를 이루지 못하고 자기 것만 주장하는 팀은 어떤 것도 함께 이루지 못하고 결국 무너지고 말아요. 하나님은 우리가 경쟁심을 버리고 서로 함께 세워주기를 바라세요.

| 마무리 | 젓가락 토스

다 같이 모여 둥글게 앉게 하라. 반 인원이 많으면 모둠을 나누어도 좋다. 모둠원 중 손이 제일 작은 사람이 먼저 나무젓가락을 공중에 던지면, 떨어진 나무젓가락 끝이 가리키는 친구가 다음 문장을 완성해 오른쪽 친구를 격려하게 한다. 격려받은 친구는 또 오른쪽 친구에게 격려하는 문장을 완성하는 식으로 모두 돌아가게 하라.

격려의 내용

넌 승리자야, 왜냐하면…

예) "넌 승리자야, 왜냐하면 넌 항상 다른 사람의 기분을 먼저 생각해주니까."
"넌 승리자야, 왜냐하면 넌 항상 최선을 다하잖아."
"넌 승리자야, 왜냐하면 넌 항상 다른 사람의 활력소가 되니까."

모든 어린이들이 격려를 마치면 질문을 하라.

- 서로를 격려해주는 것과 힘을 합하는 것은 어떤 점이 비슷하지요?
- 서로 경쟁하고 있는 친구를 격려하는 일은 쉬운가요? 왜 그렇죠?

서로 격려해주는 것은 서로 힘을 합쳐 협동할 수 있는 좋은 방법이에요. 지나친 경쟁심은 모두를 무너뜨릴 수 있지만, 협동은 모두를 세워준다는 사실을 기억하세요. 이번 주에는 모든 일을 서로 협력하고 격려하면서 해나가세요.

어린이들이 모두 손을 잡고 둥글게 모이면, 서로 격려하며 함께 성장해나갈 수 있도록 교사가 기도하고 마치라.

예수마당 성경공부 17

이기는 것이 능사가 아니에요

로마서 15:1-6

아래의 그림을 보고 내가 사용한 것이 무엇인지 표시하고 그 이유를 적으세요.

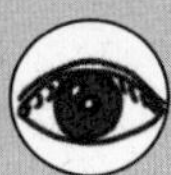
눈□

발가락□

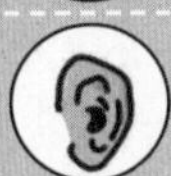
귀□

코□

손□

혀□

팔□

다리□

머리카락□

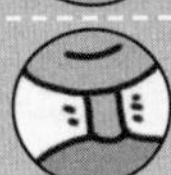
목□

심장□

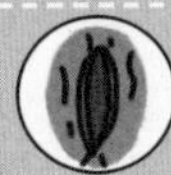
성대□

손톱□

피□

어깨□

손가락□

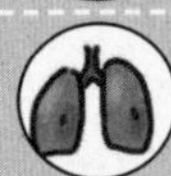
폐□

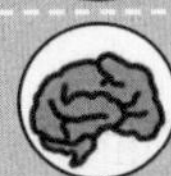
두뇌□

발□

위□

다른 믿음

제18과	제목	우리가 믿는 것
	포인트	참된 믿음을 가지라.
	성경 본문	요한복음 3:16-18
제19과	제목	가장된 진리
	포인트	진리인 하나님의 말씀으로 참과 거짓을 구별하라.
	성경 본문	요한일서 4:13-21
제20과	제목	거짓된 신비주의
	포인트	하나님으로부터 멀어지게 하는 신비를 가장한 것들을 대적하라.
	성경 본문	야고보서 4:7-10
제21과	제목	빛나는 그리스도인
	포인트	세상을 비추는 빛의 자녀로 살아라.
	성경 본문	마태복음 5:14-16

5 · 6학년이면 자신의 믿음을 실제 경험과 비교하여 검증하기 시작하는 시기다. 또한 어린이들의 믿음이 자라는 중요한 시기이기도 하다. 이런 시기에 있는 요즘 어린이들은 거짓 철학과 범람하는 그릇된 사상 그리고 잘못된 가르침에 무방비로 노출되어 있다. 학교 친구들과 선생님은 이런 질문을 던진다. "너 정말 예수님이 동정녀에게서 태어나고 부활했다고 믿는 것은 아니지?" "하나님이 있다고 어떻게 확신할 수 있니?" "다른 신도 많은데 꼭 기독교의 하나님만을 믿어야 하니?" "기독교인들만 천국에 간다는 것은 너무 이기적인 것 아니니?" "너희들이 특별히 선하게 사는 것도 아니잖아?"

어린이들은 이런 질문에 어떻게 대답해야 할지 배워야 한다. 그리스도를 믿는다는 것이 무엇을 의미하는지 그 분명한 의미와, 믿지 않는 사람들의 주장을 성경의 말씀과 표준에 입각해 바르게 평가하는 법을 배워야 한다.

어린이들이 기독교 신앙의 기본과 거짓 종교의 위험성을 알도록 다음 네 과를 가르치라.

18 우리가 믿는 것

| 성경 본문 | 요한복음 3:16-18

| 중심 성경 구절 | **"예수께서 가라사대 내가 곧 길이요 진리요 생명이니 나로 말미암지 않고는 아버지께로 올 자가 없느니라"**(요 14:6).

| 포인트 | 참된 믿음을 가지라.

| 포인트 익히기 | 어린이들이 활동을 통해 전해 듣고 믿는 것이 얼마나 불완전한지 알고 우리가 믿는 것이 구체적으로 무엇인지 정확하게 배우며 믿음을 행동으로 옮기는 것을 발견하고 실천하게 한다.

구분	활동 내용	준비물
배움터	**몽타주** 말로만 듣고 사람의 얼굴을 그려본다.	어린이 교재, 펜
성경 이야기	**오직 한 길** 요한복음 3장 16-18절 말씀을 통해 우리가 믿는 것이 분명히 무엇인지 살펴본다.	성경
마무리	**행동으로 말해요** 어떻게 행동할 것인지 결심한다.	어린이 교재, 펜

| 성경 배경 |

5 · 6학년 어린이 중에서 특히 부모님 때부터 믿어온 어린이들의 경우, 부모님께 이어받은 신앙과 전통에 의심과 회의가 찾아올 수도 있다. 그래서 왜 부모님들은 저런 것을 믿는지 의아해할 수도 있다. 분명한 토대 위에 믿음을 세울 수 있도록 하기 위해서는 하나님의 말씀에 기초하여 가르치는 것이 중요하다.

요한복음에 나오는 이 유명한 구절에는 기독교 신앙의 핵심이 들어 있다. 본문은 예수님이 니고데모와 말씀하시는 가운데 나온 것이다. 니고데모는 진정한 영적인 가르침에는 무지했던, 예수님 당시의 전형적인 유대 종교 지도자였다. 그러나 그는 예수님과 그분의 사역에 대해 알고자 하는 간절한 마음과 마음속에 불타오르는 의문을 해결하기 위해 밤중에 예수님을 찾아왔다. 니고데모가 예수님을 찾아온 때는 단지 물리적 시간만 어두운 밤이 아니라 영적으로도 어두운 밤 상태였다. 예수님은 니고데모의 영적 갈급함을 보시고 자신의 사역에 관해 다른 누구에게 전한 것보다 분명하고 완전한 지식을 전해주실 기회로 삼으셨다. 예수님의 말씀은 그가 가진 문제의 본질을 꿰뚫었다. 예수님은 하나님의 사랑을 세상에 전하기 위해 이땅에 오신 하나님의 아들이시다. 바로 그를 믿는 것이 영생을 얻는 길이다.

5 · 6학년 어린이들도 니고데모와 마찬가지로 그리스도인이 된다는 것이 진정 무엇을 의미하는지 의문을 갖고 있을 수 있다. 이번 과는 기독교의 기본이 되는 중요한 진리를 새로운 시각에서 바라볼 수 있도록 어린이들에게 도전이 될 것이다. 무엇보다 어린이들의 마음속에 예수님이 이 땅에 오신 것은 하나님의 사랑의 표현이며, 예수님은 우리를 정죄하러 오신 것이 아니라 구원하러 오셨다는 사실을 깊이 새겨줄 것이다. 이 소식이 바로 복음이다.

| 배움터 | 몽타주

교사가 한 인물에 대해서 설명하면, 어린이들이 그 설명을 듣고 어린이 교재에 그림을 그린다. 교사는 미리 어떤 한 사람을 정해 그 사람의 사진을 준비해, 어린이들에게 설명한다.

지금부터 몽타주를 그려보겠어요. 몽타주는 어떤 사람에 대해서 설명만을 듣고 그리는 그림을 말해요. 몽타주는 그림을 아름답게 그리는 것보다, 잘 듣고 정확히 그리는 것이 중요해요. 지금부터 선생님이 이 사진 속 사람의 얼굴에 대해서 설명할 거예요. 잘 듣고 선생님이 설명하는 대로 그려보세요.

교사가 사진을 들고 설명해준다. 어린이들이 그리기를 다 마쳤으면 그린 그림을 들게 한다. 그리고 교사가 가진 사진을 보여준다. 어린이들이 그린 그림에 대해 격려해주고 칭찬하라. 그리고 다음 질문을 하라.

- 다른 사람의 얼굴을 직접 보지 않고 설명만 듣고 그림으로 그리는 것이 쉬웠나요, 어려웠나요?
- 다른 사람이 하는 말만 듣고 하나님이 어떤 분인지 아는 것은 쉬운 일일까요? 왜 그렇죠?
- 예수님이 어떤 분인지 제대로 알지도 못하고 예수님을 믿는 것이 가능할까요?

다른 사람의 말만 듣고 하나님이 어떤 분인지 아는 것은 분명 쉬운 일이 아닐 거예요. 그 사람이 하나님에 대해 얼마나 잘 알고 있는지 확신할 수 없으니까요. 그래서 하나님을 알려면 자신이 직접 하나님을 경험하고 알아가야 해요. 어떻게 하나님을 알아갈 수 있을까요? 오늘은 우리 친구들은 어떤 하나님을 믿는지 그리고 어떻게 하면 하나님을 볼 수 있는지 배워보겠어요. 어떻게 하면 하나님을 볼 수 있는지 토의하면서 예수님을 믿는 것이 참된 믿음이라는 것을 깨달을 수 있어요.

| 성경 이야기 | 오직 한 길

어린이들과 함께 요한복음 3장 16-18절을 읽고, 성경 이야기를 들려주라.

우리가 무엇을 믿는지 정확히 아는 것은 너무나 중요해요. 많은 사람들이 잘못된 것을 믿다가 나중에 큰 후회를 하곤 하죠. 그러나 그때는 이미 늦었어요. 지금 여러분이 믿고 있는 것이 어떤 것인지 아는 것은 지금뿐 아니라 앞으로의 여러분 삶에 아주 중요한 영향을 미치게 돼요.

방금 우리가 읽은 말씀은 너무나 잘 알고 있고, 많이 들었던 말씀이에요. 하나님이 우리를 얼마나 사랑하시는지 그리고 어떻게 사랑하시는지 가장 잘 표현해주고 있는 말씀 가운데 하나예요. 하나님이 우리를 사랑하신다는 사실을 여러분도 알고 있고 믿고 있어요. 솔직히 하나님의 사랑이 크게 와닿지 않는 친구도 있겠지만, 지금 이 자리에 와 있다는 것만 하더라도 하나님이 친구들을 사랑하신다는 증거예요. 하나님은 하나뿐인 자기 아들을 십자가에 내어주실 만큼 우리를 사랑하셨어요. 우리가 구원을 받을 수 있도록 하나님 아들의 목숨과 바꾸신 것이죠. 우리가 아무리 사랑하는 사람이 있다 하더라도, 아무리 소중하게 생각하는 귀한 물건이 있다 하더라도 자기 목숨보다 소중하지는 않아요. 그러나 하나님은 그분의 목숨과 다름없는 예수님의 생명을 내어주시고 우리를 구원하셨어요. 우리는 그 엄청난 사랑을 알아야 해요. 모두 다 알기에는 한계가 있지만, 조금이라도 그 사랑을 알기 위해 노력해야 해요.

우리를 위해 하나님이 자기 아들 예수님을 보내주셨다는 것을 믿어요. 예수님을 믿는 길 외에는 구원을 얻을 수 있는 방법이 없어요. 예수님을 통하지 않고서는 하나님께 나아갈 수 없다는 사실을 우리는 믿어요. 우리는 예수님을 믿음으로써만 하나님 앞에 나아갈 수 있고 구원받을 수 있다는 것을 믿어요. 우리가 믿는 것이 바로 이것이에요. 이런 기쁜 소식을 두 글자로 '복음' 이라고 해요. 이 기쁜 소식 때문에 우리는 가장 중요한 문제인 죄의 문제를 해결받게 되었어요.

성경 이야기를 마치고 나면, 이렇게 질문을 하라.

- 하나님은 우리에게 무엇을 믿으라고 하시나요?
- 예수님을 통한 길 외에는 구원받을 방법이 없다는 것을 믿나요?

예수님의 죽음은 우리를 죄와 사망에서 벗어나 하나님께 인도하는 구원의 문이 되었어요. 하나님이 우리를 얼마나 사랑하시는지 알겠어요? 하나님은 예수님을 통해 우리를 얼마나 사랑하시는지 보여주셨어요. 말로만 사랑하신 것이 아니라 자신의 목숨과도 같은 아들을 죽이시기까지 사랑하셨어요. 예수님과 예수님이 우리를 위해 어떤 일을 하셨는지를 믿는 것이 참된 믿음이에요.

| 마무리 | 행동으로 말해요

어린이 교재를 펴게 하고, 설명한다.

믿음은 눈에 보이지 않아요. 말로만 해서는 사람들이 확신을 잘 갖지 못해요. 그래서 우리는 믿고 있는 것이 진짜라는 것을 알리기 위해 우리의 믿음을 보여주어야 해요. 믿음을 보여주기 위해서는 믿는 대로 실천하며 살아야 해요. 그러면 여러분 주위의 사람에게 어떻게 여러분의 믿음을 보여주며 살 수 있을까요? 요한복음 13장 34-35절에 보면 우리가 사랑하는 삶을 살면 사람들이 우리를 보며 예수님을 믿는 것을 알 수 있다고 말씀하세요. 우리의 믿음을 보여주기 위해 우리 주위 사람에게 사랑의 행동을 보여주면 되는 거예요. 여러분 교재에 예수님의 제자로서 친구에게 사랑을 보여주는 행동 두 가지를 적어보세요.

어린이들이 다 적고 나면, 발표하게 하고 격려하라.

예수님을 믿는 것이 참된 믿음이에요. 그래서 어떻게 하면 다른 사람들에게 예수님을 전할 수 있는지 신중하게 생각하고 계획을 세워야 해요. 다른 사람들에게 무엇을 전하고 싶은지 계획한 것이 있으면 훨씬 쉬워져요. 하나님은 우리가 참된 믿음인 예수님을 믿는 것과 예수님을 믿는 것을 사랑으로 드러내기를 원하세요.

사랑으로 믿음을 드러내는 삶을 살기를 기도해주고 마치라.

예수마당 성경공부 18

우리가 믿는 것

요한복음 3:16~18

선생님이 설명하는 사람의 몽타주를 그려보세요.

예수님의 제자로서 친구에게 사랑을 보여주는 행동 두 가지를 적으세요.

19 가장된 진리

| **성경 본문** | 요한일서 4:13-21

| **중심 성경 구절** | "예수께서 가라사대 내가 곧 길이요 진리요 생명이니 나로 말미암지 않고는 아버지께로 올 자가 없느니라"(요 14:6).

| **포인트** | 진리인 하나님의 말씀으로 참과 거짓을 구별하라.

| **포인트 익히기** | 어린이들이 ➲ 기준이 없이 거짓을 구별하는 것이 쉽지 않음을 체험하고 ➲ 본문을 통해 거짓을 구분하는 분명한 성경적 기준을 배우고 ➲ 잘못된 가르침에 빠진 사람들을 도울 수 있는 방법을 배우게 한다.

구분	활동 내용	준비물
배움터	**거짓말 가려내기** 세 가지 이야기를 듣고 거짓말을 찾아낸다.	
성경 이야기	**분명한 기준** 본문을 통해 진짜와 가짜 믿음을 분명히 구분할 수 있는 기준을 배운다.	성경, 어린이 교재, 펜
마무리	**진리를 바로 세워라** 거짓 진리에 빠진 사람들을 구체적으로 어떻게 도와줄 수 있을지 토의하고 돕기로 결단해본다.	어린이 교재, 펜

| 성경 배경 |

5·6학년 어린이들도 다른 사이비 종교에 대해서 들어본 적이 있을 것이다. 사이비 종교인들은 어린이들에게까지 자신의 종교를 믿으라고 전도한다. 어린이들은 여기저기서 종교에 관한 이야기를 할 때마다 누가 거짓을 말하며 누가 진리를 말하는지 어려워한다. 또한 분명한 지식과 기준이 없으면 헷갈려할 수도 있다.

요한일서는 초대교회에서 일어난 거짓 선생의 위험을 경고하기 위해 장로가 보내는 편지다. 그 당시 교회는 교회에서 떨어져나간 거짓 교사들이 다른 그리스도인보다 우월하다고 주장하고 있는 위기 상황에 처해 있었다. 요한 사도는 믿음의 형제들로 하여금 그들이 믿은 믿음의 의미를 되새기게 하고, 거짓 교사들이 왜곡한 부분을 바로잡아주려는 목적에서 이 서신을 기록했다.

당신은 누구를 믿는가? 이 질문은 5·6학년 어린이들에게 너무도 중요한 질문이다. 지금까지는 엄마와 아빠가 하시는 말씀은 다 옳다고 여겼는데, 성경이란 신화와 전설에 불과하다는 학교 선생님의 말은 너무도 충격적으로 다가온다. 또한 '우리 아빠는 신이 사람을 만든 것이 아니라 사람이 자기 필요에 의해 신을 만들었다고 하시더라' 고 말하는 친구들도 있다. 세상에는 너무도 많은 믿음이 있는데 우리가 믿어야 할 참된 진리는 무엇인가?

요한일서에 나오는 본문은 우리 어린이들이 믿고 따를 만한 다음과 같은 몇 가지 진리를 제시하고 있다. 하나님은 이땅을 구원하시려고 예수님을 보내셨다. 성령님은 우리가 하나님을 바로 알고 또 그 하나님이 우리 안에 거하시는 것을 알도록 도와주신다. 하나님의 사랑은 두려움을 물리친다. 하나님을 바로 알고 사랑하는 사람들은 다른 사람들을 사랑한다. 이 진리야말로 어린이들이 믿고 의지할 진리다. 어린이들은 성경의 잣대를 통해 뉴에이지와 같은 여러 이교 사상들을 판단할 수 있다. 그리고 예수님을 따르는 것이 가장 옳은 길이라는 확신을 갖게 될 것이다.

| 배움터 | 거짓말 가려내기

어린이 네 명이 한 모둠이 되도록 한다. 각각 자신에 대한 이야기를 준비하게 하라. 어린이들에게 과거 경험 가운데 좋았던 사건에 대해서 말하게 하라. 이야기를 세 가지 준비하면서 하나는 거짓된 과거에 대해서 준비하게 한다. 한 친구가 두 가지는 참된 것을, 하나는 거짓된 것을 말하면, 듣고 다른 친구들은 어떤 것이 거짓인지 맞혀야 한다. 예를 들면 한 친구가 자신은 미술대회에서 입상을 했고, 미국 디즈니랜드에 놀러갔다 왔고, 우표 수집이 취미라고 말하면 다른 친구들은 어떤 것이 거짓인지 생각해서 하나에 투표한다. 이렇게 돌아가면서 활동을 하고 마친 후에 질문하라.

- 거짓말을 지어낼 때 어떤 마음이었나요?
- 상대방의 거짓말을 어떻게 알아냈나요?
- 거짓말을 가려내는 것이 왜 어려웠나요?

친구들이 거짓말을 섞어서 이야기할 때 그것을 가려내기 어려운 이유는 거짓말을 사실처럼 말했기 때문이에요. 오히려 거짓말을 할 때는 더 차분하고 진지하게 이야기해서 어려웠어요. 이러한 이야기를 들을 때 우리가 사실을 구별하지 못하는 이유는 기준을 정확하게 알지 못하기 때문이에요. 진리에 대한 기준을 알면 참과 거짓을 구별할 수 있어요.

우리가 방금 한 활동처럼 거짓 종교와 사이비 집단들도 사람들을 속이려고 그럴 듯하게 접근해요. 거짓 진리들을 전하는 사람들은 처음에 자기들을 따르면 건강과 행복과 복을 준다고 약속하기 때문에 솔깃하게 들려요. 지금 우리나라에도 뉴에이지 운동이 많이 들어왔어요. 그래서 별이 자기 운명을 결정한다고 믿기도 하고, 죽은 다음에는 다른 사람으로 다시 태어난다고 생각하기도 해요. 그리고 죽은 사람과 접촉하기 위해 명상을 시도하기도 해요. 그렇지만 우리 그리스도인들은 진리인 하나님의 말씀으로 참과 거짓을 구별할 수 있어요. 그것은 바로 참된 진리인 하나님의 말씀이 있기 때문이에요. 오늘은 가장된 진리에 대해 살펴보고 그들이 말하는 것이 진리인지 구별해내는 기준을 배워보도록 해요.

| 성경 이야기 | 분명한 기준

어린이들과 함께 요한일서 3장 13-21절을 읽고, 성경 이야기를 들려주라.

우리가 함께 읽은 요한일서에는 특별히 거짓 교사들을 경계하라고 말씀하고 있어요. 거짓 교사들은 거짓된 진리를 전하는 사람을 말해요. 하나님의 말씀인 것처럼 전하지만 사실은 그 안에 거짓된 진리인 사탄의 계획이 들어 있어요.

거짓 교사들은 믿지 않는 사람들뿐 아니라 믿는 사람들을 유혹해서 넘어지게 해요. 오늘 우리가 읽은 말씀은 그들을 구분해내는 두 가지 기준을 가르쳐주고 있어요. 첫 번째는 예수님을 하나님의 아들로 인정하느냐 하는 거예요. 아무리 율법을 잘 지키고, 모세오경을 줄줄 외운다 하더라도 예수님을 하나님의 아들로, 예수님을 통해서만 구원받을 수 있다는 사실을 인정하지 않는 사람은 거짓 교사들이에요. 사도들은 예수님이 하나님의 아들로, 구주로 이 세상에 오신 것을 보았고, 증명한다고 말씀하고 있어요. 그런데 거짓 교사들은 예수님을 하나님의 아들로 인정하지 않아요.

두 번째로 거짓 교사들을 구분하는 기준은 하나님의 사랑으로 형제 자매를 진심으로 사랑하지 않는다는 점이에요. 하나님이 우리를 먼저 사랑해주셨고, 그 사랑을 받은 사람은 그 사랑으로 다른 사람을 사랑하게 되어 있어요. 입으로는 하나님을 사랑한다고 하면서, 하나님의 사랑을 노래하면서, 형제와 이웃을 사랑하지 않는 사람을 거짓말하는 사람이라고 말씀하고 있어요. 거짓 교사들은 다른 사람들에게는 율법을 잘 지키라고 말하면서 정작 가장 중요한 율법인 하나님과 이웃을 진심으로 사랑하라는 법은 지키지 않았어요.

성경 이야기를 마치고 나면 어린이 교재를 펴게 하고 모둠별로 질문에 서로 토의하여 답하게 하라.

- 거짓 교사를 구분하는 두 가지 분명한 기준은 무엇인가요?
- 혹시 거짓 진리를 전하는 사람들을 주위에서 만나거나 본 적이 있나요?
- 거짓 교사에게 유혹당하지 않으려면 어떻게 준비해야 할까요?

어린이들이 모두 적고 나면 발표하여 서로의 의견을 듣게 한다.

맞아요. 유혹이 와도 넘어지지 않으려면 여러분이 먼저 말씀 위에 바로 서고 진리로 단단히 무장되어 있어야 해요.

거짓되고 악한 길에서 벗어나고 이기는 길은 하나님의 말씀을 분명하게 아는 거예요. 진리인 하나님의 말씀은 참과 거짓을 구별할 수 있도록 가르쳐주세요.

| 마무리 | 진리를 바로 세워라

거짓 교사의 꾐에 넘어가 거짓 진리를 진짜 진리로 믿는 사람을 어떻게 해야 할까요? 그들을 무조건 비난해야 할까요? 그렇지 않아요. 그들도 하나님의 사랑을 받아야 하는 사람들이에요. 그들을 위해 기도해주고 불쌍히 여겨야 해요. 어떻게 그들을 도와줄 수 있을까요?

여러분의 교재에 거짓 교사에게 미혹당한 사람들을 도와줄 수 있는 방법을 써보세요.

간혹 어떤 사람들은 그런 사람들과 싸우며 논쟁을 벌이려고 하는데 이것은 위험한 방법이에요. 자신의 친구나 주위 사람이 그런 거짓 진리의 꾐에 빠진 것을 보게 되면 전도사님이나 목사님께 도움을 청하세요. 그리고 전도사님의 말을 따르면서 여러분을 그들을 불쌍히 여기고 그들이 돌아올 수 있도록 기도해주세요. 그들도 참 진리를 알게 되면 거짓 진리에서 벗어날 수 있을 거예요.

진리인 하나님의 말씀을 통해 참과 거짓을 구별할 수 있어요.

어린이들이 바른 진리로 무장할 수 있도록 기도해주라.

예수마당 성경공부 19

가장된 진리

요한일서 4:13-21

1. 거짓 교사를 구분하는 두 가지 분명한 기준은 무엇인가요?

2. 혹시 거짓 진리를 전하는 사람들을 주위에서 만나거나 본 적이 있나요?

3. 거짓 교사에게 유혹당하지 않으려면 어떻게 준비해야 할까요?

거짓 교사에게 미혹당한 사람들을 어떻게 도와줄 수 있을까요?

1.

2.

3.

20 거짓된 신비주의

| 성경 본문 | 야고보서 4:7-10

| 중심 성경 구절 | "예수께서 가라사대 내가 곧 길이요 진리요 생명이니 나로 말미암지 않고는 아버지께로 올 자가 없느니라"(요 14:6).

| 포인트 | 하나님으로부터 멀어지게 하는 신비를 가장한 것들을 대적하라.

| 포인트 익히기 | 어린이들이 ➲ 사람들이 문제가 생길 때 어떻게 행동하는지 관찰하고 ➲ 자신을 하나님으로부터 멀어지게 하는 것들을 살펴보며 ➲ 사탄을 대적하기로 결심하게 한다.

구분	활동 내용	준비물
배움터	**문제가 생기면** 문제가 생길 때 하나님을 믿는 사람과 믿지 않는 사람들이 어떻게 행동하는지 살펴본다.	어린이 교재, 펜
성경 이야기	**관계의 단절** 하나님과의 관계를 무너뜨리는 일들에는 어떤 것이 있는지 찾아보고, 야고보서 4장 7-10절을 탐구한다.	성경
마무리	**나의 다짐** 사탄을 대적하기로 결심한다.	어린이 교재, 펜

| 성경 배경 |

지금까지 인간들은 사탄의 존재를 부정해왔다. 그리고 오늘날 사탄 숭배 사상이 팽배해 있는데도 많은 사람들은 사탄은 실재하지 않는다고 주장한다. 그러나 성경은 처음부터 끝까지 사탄이 살아 있으며 실제로 활동하는 존재라고 말씀하고 있다. 사탄은 처음부터 거짓말하는 자요, 인간을 파멸로 이끄는 존재라고 주장한다. 어떤 때는 그들의 사악함이 분명하게 드러난다. 그러나 어떤 때는 그들의 악을 눈치채지 못할 정도로 미묘해 보일 때도 있다. 이번 과를 통해 우리는 점성술, 부적판, 호러 무비, 강령술, 사탄을 숭배하는 락 음악, 흑마술과 주술에 관한 책 등의 오컬트(신비주의, 초자연주의라는 의미로, 사탄 숭배나 마술, 염력 등으로 사람들에게 공포감을 주거나 영적 세계를 경험하려는 빗나간 문화 현상)를 다룰 것이다.

야고보서는 예수님의 의붓동생인 야고보가 기록한 책으로 알려져 있다. 야고보서에는 예수님의 말씀이 다른 사도들이 기록한 서신보다 훨씬 많이 기록되어 있다. 그리고 이 말씀은 다른 복음서에서 인용한 것이 아니라 저자 자신이 직접 예수님과 대화한 것을 기록한 것으로 보인다. 오늘 본문에서 야고보는 하나님께는 순종의 삶을 살아야 하지만, 사탄을 향해서는 대적하라고 말하고 있다. 우리가 사탄을 대적할 때 우리를 피하리라는 것이다.

5 · 6학년 어린이들도 어른들과 마찬가지로 악마의 유혹에 쉽게 넘어갈 수 있다. 그러나 또 하나의 분명한 사실은 어른, 아이 할 것 없이 모든 그리스도인들은 예수님으로 말미암아 사탄에게 승리한다는 것이다. 우리 어린이들도 예수님을 의지하면 사탄의 공격에 겁먹을 필요가 없다는 것을 배워야 한다. 그리고 하나님의 말씀을 따르고, 자신을 하나님의 나라로부터 멀어지게 하는 온갖 것들을 피함으로써 사탄의 함정에 빠지지 않을 수 있다는 것을 알고 삶으로 드러내야 한다. 이런 삶이 능력을 드러내는 삶이다. 진정한 능력은 하나님께 순종하며 사탄을 향해서는 대적하는 것이다. 우리 어린이들도 이런 능력의 삶을 살 수 있도록 이번 과를 통해 가르치라.

| 배움터 | 문제가 생기면

네 명의 어린이들을 한 모둠이 되게 나누라. 어린이 교재의 표를 채우면서 하나님을 믿는 사람과 하나님을 믿지 않는 사람이 어려운 일을 당했을 때 어떻게 행동하는지 비교해본다.

사람들은 문제가 생기거나 두려울 때 어떻게 행동하나요? 여러분들은 어떻게 행동하지요? 여러분 교재에 보면 여러 가지 상황들이 있어요. 이런 상황들을 만났을 때 하나님을 믿는 사람은 어떻게 행동하는지, 하나님을 믿지 않는 사람은 어떻게 행동하는지 지금부터 모둠별로 의논해서 적어보세요.

어린이들이 의논하고 표를 채울 수 있는 시간을 주고, 다 채우고 나면 서로 발표하게 한다.

하나님을 믿는 사람들	상황	하나님을 믿지 않는 사람들
	수능 시험을 앞두고 있어요.	
	새 자동차를 샀어요.	
모든 길을 인도하시는 분이 하나님임을 인정하며 개업 예배를 드린다.	사업을 새로 시작해요.	무조건 돈 많이 벌게 해달라고 사업장에서 제상을 차려놓고 고사를 지낸다.
	이름도 모르는 병에 걸렸어요.	
	결혼 날짜를 정해야 해요.	

신비를 가장한 거짓에 속아 넘어가는 사람들이 많이 있어요. 문제 해결에 전혀 도움이 되지 않는데도 불구하고 사람들은 그런 것들을 의지해요. 사탄의 거짓 장난에 속아 넘어간 거예요. 사탄은 우리를 넘어뜨리기 위해 부적을 사용하거나 점을 보는 것들에 관심을 갖게 하고 과거를 찾아다니는 혼이 될 수 있다고 속임수를 사용하기도 해요. 또는 그런 것들이 하나님이 미워하시는 심각한 죄가 아니라 그냥 재미로 하는 것일 뿐이라고 속여요. 그런 속임수 가운데 어느 하나에라도 빠진다면 우리에게 진짜 어려운 일이 닥치게 돼요. 이러한 신비를 가장한 것들에 대해 우리는 어떻게 해야 할까요? 하나님은 우리가 악한 것들에 대해 분명하게 알고 대적하기를 원하세요. 오늘 우리는 하나님께는 순종하고 사탄을 대적하는 것에 대해 배우도록 하겠어요.

| 성경 이야기 | 관계의 단절

어린이들과 함께 야고보서 4장 7-10절을 읽고, 성경 이야기를 들려주라.

때때로 사탄은 하나님과 우리 사이를 멀어지게 하려고 아주 교묘한 방법을 사용해요. 사탄이 어떤 방법을 사용하든 그 목적은 똑같아요. 바로 하나님과 우리의 사이를 멀어지게 하는 거예요. 교활한 사탄은 여러 가지 방법을 동원하여 우리를 속여서 하나님으로부터 멀어지게 만들려고 해요. 특별히 우리의 나약한 부분을 잘 이용하여 하나님 아닌 다른 것을 의지하게 해서 정작 가까이 해야 할 하나님과는 멀어지게 하는 거죠.

인간은 누구나 영적인 부분을 생각하기 마련이에요. 세상에 신이 없다고 말하는 무신론자도 절박한 순간이 되면 결국 신을 찾는 모습을 볼 수 있어요. 하나님은 인간을 그분의 형상대로 만드셨기 때문에, 비록 죄를 지어 하나님의 형상을 잃어버리기는 했지만 모든 인간은 신을 향한 막연한 생각들을 본능적으로 가지고 있어요. 사탄은 이런 본능을 이용해 우리를 신비한 힘에 의지하게 해 문제를 해결하라고 유혹해요. 이런 것에 의지하면 할수록 하나님과의 관계는 멀어지고, 사탄은 더욱더 사람들을 그런 곳으로 끌고가 이상한 사람으로 만들어버려요.

오늘 우리가 함께 읽은 본문에 보면 하나님께 순종하고, 사탄을 대적하라고 말씀하고 있어요. 그러면 사탄이 우리를 피한다고 말씀하고 있어요. 우리가 하나님 말씀에 순종해 하나님과 더 가까워지면 당연히 사탄은 우리와 멀어질 수밖에 없어요. 우리가 무엇을 하든 우리 힘으로는 사탄을 이길 수 없어요. 우리가 사탄을 이길 수 있는 방법은 단 한 가지 외에는 없어요. 그것은 바로 하나님과 가까이 있는 거예요. 그것은 사탄이 두려워하는 대상은 하나님 한분밖에 없기 때문이에요.

성경 이야기를 마치고 나면 질문하라.

- 어떻게 하면 사탄에게 붙잡히지 않을 수 있을까요?
- 왜 사람들이 사탄을 숭배하는 일에 빠지게 된다고 생각해요?
- 어떻게 하면 사탄을 대적할 수 있도록 서로서로 도와줄 수 있을까요?

부적이나 점, 마술처럼 신비를 가장한 것들은 우리를 하나님으로부터 멀어지게 해요. 그래서 우리는 이러한 방법들이 우리를 죄로 인도한다는 것을 깨달아야 해요. 우리는 때로는 이런 것들이 얼마나 위험한 것인지 모를 때도 있어요. 얼마나 심각한 죄인지 모르고 그냥 친구 따라 타로카드로 점을 치거나 인터넷에서 점을 치는 거죠. 하나님은 그런 것들을 아주 싫어하세요. 우리는 하나님께 순종하고 하나님의 힘과 권능을 의지해서 하나님과의 관계를 깨뜨리는 것들을 대적하고 물리쳐야 해요. 우리가 서로 힘을 모으고 하나님의 능력을 의지하여 사탄을 대적한다면 사탄의 속임수로부터 이길 수 있을 거예요. 하나님은 우리가 사탄을 이길 수 있도록 항상 함께하시고 도와주세요.

| 마무리 | 나의 다짐

신비를 가장한 악한 사상들은 항상 우리를 하나님으로부터 멀어지게 해요. 그렇지만 우리는 사탄의 속임수에 혼자서 외롭게 맞서는 것이 아니에요. 예수님은 사탄과 사망의 권세를 이기시고 우리에게 승리를 주셨어요.

어린이들에게 앞에서 읽은 성경 구절을 이용하여 사탄을 피하고 대적하기로 약속하는 다짐의 글을 어린이 교재에 적게 하라.

예를 들어 '나는 하나님 앞에서 겸손히 무릎 꿇고 사탄을 물리칠 수 있도록 도와달라고 기도하겠어요' '사탄은 패배자이기 때문에 나는 하나님을 의지하겠어요' '신비를 가장한 어떤 것에도 빠지지 않고 대적하겠어요' 등이다.

어린이들에게 충분한 시간을 주어 다짐문을 작성하게 하라. 어린이들이 다 작성했으면 서로 돌아가면서 발표하게 하라.

하나님은 우리를 하나님께로부터 멀어지게 만드는 모든 신비를 가장한 것에 대해 단호하게 대적하라고 말씀하고 계세요. 혹시나 호기심이라도 이런 것에 손대지 마세요.

어린이들이 다짐한 대로 살아갈 수 있도록 기도해주고 마치라.

예수마당 성경공부 20

거짓된 신비주의

야고보서 4:7-10

문제가 생겼을 때 어떻게 행동하나요?

하나님을 믿는 사람들		하나님을 믿지 않는 사람들
	수능 시험을 앞두고 있어요.	
	새 자동차를 샀어요.	
	사업을 새로 시작해요.	
	이름도 모르는 병에 걸렸어요.	
	결혼 날짜를 정해야 해요.	

앞에서 읽은 성경 구절을 이용하여 마귀를 피하고 대적하기로 약속하는 다짐의 글을 적어보세요.

21 빛나는 그리스도인

| 성경 본문 | 마태복음 5:14-16

| 중심 성경 구절 | "예수께서 가라사대 내가 곧 길이요 진리요 생명이니 나로 말미암지 않고는 아버지께로 올 자가 없느니라"(요 14:6).

| 포인트 | 세상을 비추는 빛의 자녀로 살아라.

| 포인트 익히기 | 어린이들이 ⊙ 나를 알리는 것의 중요성을 알고 ⊙ 본문을 통해 세상의 등불로서 우리가 어떤 역할을 감당해야 하는 존재인지 배우며 ⊙ 빛의 자녀로 살아갈 것을 결단하게 한다.

구분	활동 내용	준비물
배움터	**내가 누군지 밝혀라!** 서로를 알아가는 활동을 통해 나를 알리는 것이 얼마나 중요한 일인지 알아본다.	어린이 교재, 펜
성경 이야기	**빛의 자녀들** 본문을 통해 예수님이 우리가 세상에서 어떻게 살아가기를 원하시는지 분명히 배운다.	성경
마무리	**빛을 밝혀라!** 어떻게 빛을 밝히는지 알아보고, 빛의 자녀로 살 것을 결단한다.	어린이 교재, 초, 야광별, 펜

| 성경 배경 |

요즘 시대의 특징 가운데 하나는 군중 속에 파묻히는 것이다. 이는 어른들에게만 해당하는 이야기가 아니라 어린이들도 마찬가지다. 어떤 것에 얽매이기 싫어하며, 군중 속에 묻혀 그냥 되는 대로 흘러가며, 자기 개성대로 살아가기를 원한다. 이런 시대의 흐름이 어린이들로 하여금 상대방에 대해서 알려고 하지도 않고, 나를 또 적극적으로 알리려고 하지도 않게 만들었다.

하나님은 믿는 자녀들이 자녀로서 세상을 밝히는 빛으로 살아가기를 원하신다. 이는 5·6학년 어린이들도 마찬가지다. 하나님은 그 또래에서 하나님의 자녀로 당당히 살아가는 어린이들을 기뻐하신다.

사도 바울은 빌립보 성도들에게 감옥에서 편지를 쓰면서 주 안에서 항상 기뻐하라고 부탁하고 있다. 바울이 감옥에서도 항상 기뻐하며 지낼 수 있었던 이유는 그의 마음 때문이었다. 그는 그리스도 예수의 마음을 품었고, 빌립보 성도들에게도 그 마음을 품기 원한다고 전하고 있다. 그것이 그가 그렇게 기뻐할 수 있었던 이유다. 바울은 그리스도 예수의 마음을 품은 사람은 빛으로 나타나며, 적극적으로 그리스도를 위해 살고, 기쁨으로 봉사하며 섬기게 된다고 말하고 있다.

어떤 상황에 처해 있든지 그리스도 예수의 마음을 품은 사람은 밝히 드러날 수밖에 없다. 편하게 신앙 생활하기 위해 적당히 나를 숨기며 믿는 것이 아니라, 내 주위의 모든 사람에게 적극적으로 내가 누구인지를 밝히고 예수 그리스도를 모르는 사람들에게 예수님을 알게 해야 할 것이다. 마음 중심에 예수 그리스도를 모신 사람이라면 당연히 그 빛이 드러나게 된다.

5·6학년 어린이들이 마음에 그리스도 예수의 마음을 품고, 하나님의 자녀로서 당당히 빛을 내며 살아가도록 가르치라.

| 배움터 | 내가 누군지 밝혀라!

전체 어린이들이 둥글게 앉게 하고, 어린이 교재를 펴게 하라.

우리는 한 반이에요. 몇 개월간 함께 말씀도 배우고, 친하게 놀기도 했어요. 지금부터 우리가 서로에 대해 얼마나 잘 알고 있는지 살펴보기로 해요. 여러분 교재의 제일 앞 칸에 자기 이름을 쓰고, 밑에 있는 빈칸을 채워보세요. 다 채우고 나면 옆으로 돌려 계속해서 자기가 어떤 사람인지 밝혀주세요. 자, 시작해볼까요?

내가 누군지 밝혀라! 나는…

프로필 \ 이름							
좋아하는 색							
좋아하는 성경 인물							
성격							
교회 다닌 연수							
좋아하는 음식							
싫어하는 말							
별명							
장래 희망							
존경하는 사람							
잘하는 음식							

다 마치고 나면 아래와 같은 질문을 한다.

- 이 활동을 통해 우리 반 친구들에 대해서 새롭게 알게 된 사실이 있나요? 여러분은 친구들을 얼마나 잘 알고 있었다고 생각하나요?
- 서로가 잘 알지 못했던 이유가 무엇이라고 생각하나요?

자신이 누구인지 알리는 것은 중요해요. 어떨 때는 여러분이 자신에 대해 알리지 않아 오해를 하기도 했을 거예요. 우리는 하나님의 자녀들이에요. 이 사실을 우리는 적극적으로 알려야 해요. 하나님은 우리가 적극적으로 예수님의 빛을 드러내는 어린이가 되기를 원하세요. 그러면 우리가 어떻게 예수님의 빛을 드러내면서 살 수 있을지 말씀을 통해 살펴보기로 해요.

| 성경 이야기 | 빛의 자녀들

어린이들과 함께 마태복음 5장 14-16절을 읽고, 성경 이야기를 들려주라.

우리가 함께 읽은 본문은 예수님의 많은 설교 중에 가장 유명한 산상 설교예요. 예수님은 본문을 통해 우리가 어떤 존재이고, 어떻게 살아가야 할지를 분명하게 말씀해주고 계세요.

예수님은 우리를 빛이라고 말씀하고 계세요. 빛은 어둠 속에서 그 역할을 감당해요. 우리가 빛의 역할을 감당해야 한다는 말씀은, 반대로 말하면 이 세상이 어둡다는 뜻이에요. 예수님은 우리에게 어두운 세상에 빛을 비추는 빛의 자녀로 살아가라고 말씀하세요.

빛은 절대로 어둠에 묻히지 않아요. 하나님은 빛의 자녀인 우리에게 당당하게 빛을 드러내며 살라고 말씀하세요. 오늘 본문에서 "등불을 켜서 말 아래 두는 사람이 없다"고 말씀하셨는데, '말 아래 둔다'는 말은 등불을 켜서 그릇으로 덮는 뜻이에요. 등불은 숨기는 데 목적이 있지 않고 드러내는 것이 목적이라는 말이에요. 하나님은 그분의 자녀인 우리가 이 세상에서 적극적으로 하나님의 자녀로서 빛처럼 주위를 환하게 비추는 삶을 살기 원하세요.

구체적으로 예수님은 이 빛을 착한 행동이라고 말씀하고 계세요. 이것은 도덕책에서 말하는 단순한 착한 행동을 말하는 게 아니에요. 예수님의 마음으로 섬기는 것이에요. 우리가 아무리 착하게 살아도 그것으로는 하나님의 자녀가 될 수 없어요. 하나님의 자녀가 될 수 있는 유일한 길은 예수님을 구주로 믿는 것이에요. 그러니까 예수님의 빛으로 세상을 비추는 착한 행동은 우리의 노력과 힘으로 하는 것이 아니에요. 예수님을 마음에 모신 자녀라면 당연히 나올 수 밖에 없는 행동이지요. 하나님은 우리가 예수님의 마음으로 하는 착한 행동을 통해 우리를 그분의 자녀 삼으신 것을 기뻐하세요.

성경 이야기를 마치고 나면 질문하라.

- 하나님이 우리를 빛의 자녀로 삼아주신 이유가 무엇일까요?
- 예수님이 말씀하시는 빛이란 구체적으로 무엇인가요?

하나님은 우리를 자녀 삼아주시고 감출 수 없는 빛을 주셨어요. 우리는 이 빛을 적극적으로 드러내며 살아야 해요. 오늘 말씀은 그것이 우리가 이 세상에 존재하는 이유라고 말씀하고 계세요. 하나님은 우리가 당당하게 복음의 빛을 비추는 자녀가 되기를 원하세요. 사도 바울의 고백처럼 복음은 부끄러운 것이 아니에요. 우리는 착한 행실로 적극적으로 복음의 빛을 드러내야 해요.

| 마무리 | 빛을 밝혀라!

촛불을 하나 준비하여 어린이들이 둘러앉은 중앙에 켜놓고 그 옆에는 야광별을 놓아두라.

여기에 무엇이 있나요? 그래요, 촛불과 야광별이 있어요. 촛불과 야광별은 둘 다 빛을 내지만 큰 차이점이 있어요. 무엇일까요? 촛불은 불을 붙여놓으면 스스로 계속해서 빛을 비추지만, 야광별은 스스로 빛을 내지 못한다는 점이에요. 야광별은 주위의 빛을 받아서 간직했다가 천천히 내거나 반사할 뿐이에요.

예수님은 우리가 소극적으로 빛을 비추는 자녀가 아니라, 온 세상이 이 빛을 알도록 비추는 당당한 하나님의 자녀가 되기를 원하세요.

어린이 교재를 펴게 한다.

여러분 교재에 어떻게 하면 그리스도 예수의 빛을 환하게 드러낼지 써보세요.

- 가정에서
- 학교에서
- 교회에서
- 친구들 사이에서
- 어려운 친구들에게

다 쓰고 나면 발표하게 하고 격려하고 칭찬하라. 그리고 교사가 기도하고 마치라.

세상의 빛이 된다는 것은 해나 별처럼 최고 위치에 오르라는 말이 이아니에요. 그것은 다들 싫어하고 꺼리는 일도 기쁨으로 섬겨야 한다는 말이에요. 예수님처럼 말이에요. 다른 사람은 길거리에 함부로 휴지를 버리지만, 여러분은 누가 시키지 않아도 더럽혀진 길거리를 청소하는 것이 될 수 있어요. 그것은 다른 사람은 잘 씻지도 않고 지저분한 옷을 입은 친구를 피하고 왕따시키지만 여러분은 그런 친구의 친구가 되어주는 것일 수도 있어요. 또 그것은 부모님께 이런저런 것들을 해달라고 요구하는 것이 아니라, 여러분을 위해 늘 섬기고 애써주시는 부모님께 감사하고 부모님을 도와드리는 것도 될 수 있어요. 하나님은 우리가 어두운 세상을 밝히는 빛으로 살아가기를 원하세요. 해처럼 주위를 비추는 빛으로 살 수 있도록 기도하기로 해요.

예수마당 성경공부 21

빛나는 그리스도인

마태복음 5:14-16

내가 누군지 밝혀라! 나는…

프로필 \ 이름							
좋아하는 색							
좋아하는 성경 인물							
성격							
교회 다닌 연수							
좋아하는 음식							
싫어하는 말							
별명							
장래 희망							
존경하는 사람							
잘하는 음식							

어떻게 하면 그리스도 예수의 빛을 드러낼지 써보세요.

1. 가정에서

2. 학교에서

3. 교회에서

4. 친구들 사이에서

5. 어려운 친구들에게

예수님이 오셨어요

제22과	**제목**	**준비하고 기다려요**
	포인트	하나님에 대한 진실한 사랑을 순종으로 드러내라.
	성경 본문	누가복음 1:26-38
제23과	**제목**	**요한의 메시지**
	포인트	예수님 맞을 준비를 하라.
	성경 본문	누가복음 3:2-4
제24과	**제목**	**예수님의 탄생을 축하해요**
	포인트	예수님의 탄생을 축하하고 기뻐하라.
	성경 본문	누가복음 2:15-20
제25과	**제목**	**예수님, 우리의 모범**
	포인트	다른 사람들을 섬김으로 예수님을 닮아가라.
	성경 본문	마태복음 20:20-28

“참 반가운 신도여 다 이리 와서… 엎드려 절하세 구세주 났네!”

예수 그리스도의 탄생 이야기는 사람들이 가장 좋아하는 성경 내용 가운데 하나다. 대개는 아주 어린 나이에 이 내용을 배운다. 그래서인지 초등학교 연령쯤 되면, 예수님의 탄생에 대한 별다른 느낌이 없는 경우가 많다. 하나님이 허락하신 가장 위대한 기적 가운데 하나가 그저 주일학교에서 한 주일 다루고 마는 연례 행사로 전락하고 마는 것이다.

하지만 예수님의 탄생은 크리스마스 절기에만 기억하고 금방 잊어버려도 될 성질의 내용이 결코 아니다. 오히려 하나님이 인간의 몸을 입으신 이 성육신 사건이야말로 기독교의 토대를 놓는 작업이라고 할 수 있다. 하나님이 인간이 되셨다. 거룩하신 하나님이 육신을 입으신 것이다. 그리스도의 탄생에 대한 신앙은 복음의 전체 메시지를 이해하는 시발점이다.

살아 있는 신앙을 세워주는 것이야말로 우리의 젊은 세대, 특별히 십대 초반의 어린이들을 향한 최우선 순위가 되어야 한다. 친숙한 이야기를 되풀이하는 것에서 그치지 않고, 이번 단원을 통해 하나님의 백성으로 신실한 태도를 갖고 말씀에 순종하며 살아가는 것이 얼마나 중요한지를 어린이들이 깨닫게 해주라.

22 준비하고 기다려요

| **성경 본문** | 누가복음 1:26-38

| **중심 성경 구절** | "이를 인하여 그는 새 언약의 중보니 이는… 부르심을 입은 자로 하여금 영원한 기업의 약속을 얻게 하려 하심이니라"(히 9:15).

| **포인트** | 하나님에 대한 진실한 사랑을 순종으로 드러내라.

| **포인트 익히기** | 어린이들이 ◐활동을 통해 순종과 불순종에 대해 생각하고 ◐본문을 통해 순종하는 것에는 고난과 어려움이 따른다는 것을 깨달으며 ◐순종에 따르는 상급을 바라보고 하나님께 순종하도록 서로 격려하게 한다.

구분	활동 내용	준비물
배움터	**기다리기 게임** 자신의 이름이 불려지기를 잘 듣고 기다린다.	탁구공
성경 이야기	**수고할 가치가 있는 사랑** 누가복음 1장 26-38절을 통해 하나님이 기뻐하시는 순종의 자세를 살펴본다.	성경, 어린이 교재, 펜
마무리	**순종할래요** 하나님의 도우심으로 순종하게 해 달라고 기도한다.	어린이 교재, 펜

| 성경 배경 |

5·6학년 어린이들이 지켜야 할 규칙들은 많다. 어린이들은 그것들을 하기 싫은 부담이나 귀찮은 것으로 보기도 한다. 그러나 믿음은 의무로서가 아니라 하고 싶기 때문에 하나님의 뜻을 기다리며 하나님께 순종할 수 있도록 만들어준다. 우리는 예수님이 주신 하나님과의 새 언약으로 인해 우리의 사랑을 하나님께 보여드릴 수 있으며, 또 하나님이 주신 지침을 따라 그분께 더 친밀하게 다가갈 수 있게 되었다.

다른 세상에서 온 방문객이 아직 어리고 순결한 처녀를 찾아와 그녀가 곧 세상을 구원할 어린이의 엄마가 될 것이라고 알려주었다. 그 얘기는 공상 소설에나 나올 법한 내용이었다. 하지만 천사가 전한 소식을 들은 마리아는 겸손한 마음으로 믿고 주저 없이 순종했다. 하나님께 대한 절대적인 믿음은 순종의 모습으로 드러난다. 진정한 순종은 하나님이 하시는 것을 기다리며 하나님의 뜻대로 사는 것이다.

요즈음 어린이들은 자기 뜻대로 하고 싶은 일을 하고, 가고 싶은 곳에 갈 수 있는 나이가 되기를 간절히 열망한다. 그래서 하나님께 복종한다는 사실을 그리 좋게만은 보지 못한다. 하지만 5·6학년 어린이들도 하나님께 순종하는 것이 성취감을 누리며 살 수 있도록 돕는다는 사실을 배울 수 있다. 마리아가 하나님께 순종으로 반응했을 때도 나이가 많지 않았다. 마리아는 당시 환경으로 받아들이기 어려운 것들을 믿음으로 기다리며 순종했다. 마리아의 이런 순종은 하나님이 이땅에 오시는 역사를 일으켰다. 이번 과를 통해 어린이들이 신실한 순종은 사랑과 존경에서 나오며, 순종에 대한 보상은 기꺼이 그것을 위해 수고할 가치가 있다는 점을 배울 수 있도록 이끌어주라.

| 배움터 | 기다리기 게임

어린이들을 바깥을 향해 원형으로 서게 하라. 선생님은 탁구공을 들고 원 가운데 서라. 선생님이 먼저 어린이 중 한 명의 이름을 부르면 어린이는 뒤를 돌아서서 선생님이 던져주는 탁구공을 받는다. 탁구공을 잘 받을 수 있도록 던지고 받는 사람도 떨어뜨리지 않도록 받는 것이 중요하다.

선생님이 여러분의 이름을 부르면 재빨리 돌아서면서 선생님이 던지는 것을 손으로 잡으세요. 자기 이름을 안 불렀는데 돌아서면 안 돼요.

탁구공을 받은 어린이는 다른 친구의 이름을 부른다. 이름이 불린 친구는 같은 방법으로 뒤돌아서서 탁구공을 받는다. 어린이들이 공을 떨어뜨리면 다시 주워서 계속하면 된다. 모든 어린이의 이름이 불릴 때까지 계속하게 하라. 게임이 끝나면 어린이들을 앉히고 질문하라.

- 자기 이름이 불려질 때 무슨 생각을 하고 있었나요?
- 계속해서 기다리고 있을 때 기분이 어땠어요?

언제나 하나님께 순종할 준비가 되어 있는 것은 쉬운 일이 아니에요. 그러나 우리가 하나님께 순종하는 것은 우리 이름이 불리고 공을 잡는 것과 같아요. 반대로 우리가 불순종하는 것은 마치 공을 잡다가 떨어뜨리는 기분과 비슷할 거예요. 하나님을 진정으로 사랑하는 것을 어떻게 알 수 있을까요? 하나님께 성실하게 순종하는 것으로 하나님을 진정으로 사랑하는지 알 수 있어요. 하나님이 우리에게 무엇인가 하기를 바라실 때 우리는 하나님의 음성을 듣고 순종할 준비가 되어 있어야 해요.

| 성경 이야기 | 수고할 가치가 있는 사랑

어린이들과 함께 누가복음 1장 26-38절을 읽고, 성경 이야기를 들려주라.

여느 날과 다름없는 평온한 날에 깜짝 놀랄 일이 일어났어요. 갈릴리 나사렛이라는 동네에 사는 마리아라는 사람의 집에 천사가 나타난 거예요. 그것도 천사 중 가장 높은 천사라고 하는 가브리엘 천사가 말이에요. 마리아가 얼마나 깜짝 놀랐겠어요. 한번 상상해보세요. 지금 여러분들 눈앞에 날개 달린 천사가 나타난다면 얼마나 놀라겠어요. 가브리엘 천사는 놀란 마리아에게 마음을 진정할 수 있도록 부드럽게 인사를 하고, 천사가 나타난 것보다 더 놀라운 소식을 전해주었어요.

마리아가 아들을 낳게 될 거래요. 이름까지 '예수'라고 정해줬어요. 그런데 그 아들은 하나님의 아들이고, 왕이 되어 온 하나님의 나라를 다스리게 될 것이래요. 마리아는 놀라서 그건 불가능한 일이라고 대답했어요. 마리아가 그렇게 말한 이유가 있어요. 첫째는 마리아는 아직 결혼을 하지 않았기 때문이고, 두 번째는 사람이 어떻게 하나님의 아들을 낳을 수 있겠어요. 말도 안 되는 소리였어요. 그러나 천사는 마리아에게 하나님의 능력이 너와 함께하면 불가능한 일이 없다고 말해주었어요.

마리아는 하나님의 능력에 대해서는 의심하지 않았어요. 그러나 걱정이 있었어요. 바로 다른 사람의 시선이 두려웠던 거예요. 아직 결혼을 하지 않은 처녀인데 임신을 하게 되면 모든 사람들이 마리아를 깨끗하지 못한 여자라고 욕할 것이고, 율법에 따르면 그것은 돌에 맞아 죽을 만한 일이라는 것을 잘 알고 있었기 때문이에요. 그러나 마리아는 많은 시간 고민하지 않았어요. 하나님의 능력으로 하시는 일이니까 그 이후의 일까지 책임져주실 것을 믿었기 때문이에요.

마리아는 천사에게 이렇게 이야기했어요. "나는 하나님의 종입니다. 하나님이 말씀하시니 순종하겠습니다." 그리고 곧 천사가 떠나가고 마리아는 성령으로 임신을 하게 되었어요. 마리아는 아주 어려운 순종을 한 거예요. 그 마을에서 쫓겨날 수도 있고, 목숨을 잃을 수도 있는 일이었어요. 하지만 마리아는 하나님의 말씀에 순종했어요.

마리아의 순종은 그 순간에 이루어진 것이 아니에요. 마리아는 하나님을 진정으로 사랑했어요. 바로 하나님을 향한 진정한 사랑이 이 어려운 순종을 할 수 있게 해주었어요.

성경 이야기를 마치면 어린이 교재를 펴게 하고, 질문에 답하게 하라.

- 마리아가 하나님께 순종할 경우 어떤 위험이 따르나요? 그런 위험을 감수하면서까지 하나님께 순종할 이유가 있나요?
- 마리아는 어떻게 순종할 수 있었나요?
- 하나님께 순종하려 하는 여러분을 방해하는 것들로는 무엇이 있나요? 가장 커다란 방해는 어떤 것인가요?

마리아는 하나님께 순종하기로 결심했어요. 비록 어렵고 힘들더라도 하나님을 진정으로 사랑하는 사람들은 하나님께 신실하게 순종해요.

| 마무리 | 순종할래요

어렵지만 순종한 마리아에게 하나님은 풍성한 삶으로 책임져주셨고, 우리를 구원하신 예수님의 육신의 어머니가 되는 큰 영광을 누리게 해주셨어요. 하나님은 순종하는 사람에게 반드시 그 순종에 대한 보상을 주세요. 그 보상을 바로 주지는 않더라도 하나님은 우리의 순종을 잊지 않으세요.

- 혹시 말씀대로 순종하지 못하는 것이 있나요? 그 이유가 무엇이라고 생각하나요?
- 하나님을 얼마나 사랑하고 있다고 생각하나요?

하나님을 사랑하는 만큼 순종할 수 있어요. 애써 억지로 순종하려고 노력하기보다 먼저 하나님을 진심으로 사랑하게 해달라고 기도해보세요. 하나님을 진정으로 사랑하면 무슨 일이든 신실하게 순종할 수 있어요.

어린이 교재를 펴게 하라.

오늘은 여러분 교재에 하나님을 더 사랑하고 하나님의 말씀에 더 잘 순종할 수 있도록 도와달라고 하나님께 여러분이 직접 기도를 써보는 시간을 갖겠어요.

기도를 모두 쓰고 나면 격려하고, 그 기도대로 살 수 있도록 기도해주고 마치라.

예수마당 성경공부 22 준비하고 기다려요

누가복음 1:26-38

✐마리아와 순종과 나의 순종을 비교해보면서 답해보세요.

1. 마리아가 하나님께 순종할 경우 어떤 위험이 따르나요? 그런 위험을 감수하면서까지 하나님께 순종할 이유가 있나요?

2. 마리아는 어떻게 순종할 수 있었나요?

3. 하나님께 순종하려 하는 여러분을 방해하는 것들로는 무엇이 있나요? 가장 커다란 방해는 어떤 것인가요?

✐하나님을 진정으로 사랑하고, 순종할 수 있도록 도와달라고 기도를 써보세요.

23 요한의 메시지

| 성경 본문 | 누가복음 3:2-4

| 중심 성경 구절 | "이를 인하여 그는 새 언약의 중보니 이는… 부르심을 입은 자로 하여금 영원한 기업의 약속을 얻게 하려 하심이니라"(히 9:15).

| 포인트 | 예수님 맞을 준비를 하라.

| 포인트 익히기 | 어린이들이 ● 명령을 기다린다는 것이 어떤 것인지 경험하고 ● 요한의 메시지를 통해 준비하는 삶이 무엇인지 배우며 ● 하나님께 믿음을 지킬 수 있게 해달라고 기도하게 한다.

구분	활동 내용	준비물
배움터	**제자리, 준비…?** 신호에 반응하기 위해 특별히 주의를 기울인다.	탁구공
성경 이야기	**준비하고 기다려요** 누가복음 3장 2-4절을 통해 살펴본 세례 요한의 삶에서 배울 점을 우리 삶에 적용해본다.	성경
마무리	**믿음으로 준비해요** 다시 오실 예수님을 믿음으로 기다리며, 온 세상에 알릴 수 있도록 결단한다.	어린이 교재, 펜

| 성경 배경 |

사막 생활, 거친 의복 그리고 저항적인 메시지 때문에 세례 요한은 사람들의 눈에 띄었다. 회개를 촉구하는 그의 외침에 진심으로 하나님의 뜻을 찾았던 사람들은 주의를 기울였지만 엄격한 율법주의에 사로잡힌 종교 지도자들은 분노했다. 하나님의 메시지를 신실하게 전하려 했던 그의 강직함 때문에 그는 결국 목숨을 내놓을 수밖에 없었다. 그러나 그것은 또한 그로 하여금 그리스도의 오심을 예비한 자로서 역사상 가장 명예로운 조연의 역할을 하게 해주었다.

요즘 5 · 6학년 어린이들이 가장 원하는 일 가운데 하나는 군중들 가운데서 돋보이는 것이다. 그들은 주위 사람들과 조화를 이루고 익명의 생활을 통해 안전을 추구하려 한다. 어린이들에게 그들의 친구들로부터 멀어지게 할 수도 있는 그리스도인의 생활 방식을 따르도록 격려하는 것은, 그들에게 어렵고 두려운 것을 하라고 요구하는 것이다. 이번 과를 통해 어린이들이 그들도 세례 요한처럼 자신은 물론이고 다른 사람들의 삶 속에서 하나님을 위해 일하는 방법을 준비할 수 있다는 사실을 가르치라. 명성과 부와 인기를 추구하는 이 시대의 흐름 속에서 하나님의 진리를 대변하며 외쳤던 세례 요한처럼 하나님의 목소리로 존재할 수 있도록 어린이들을 가르치고 훈련시키라.

| 배움터 | 제자리, 준비… ?

어린이 두 명을 뽑아 한 팀이 되게 하라. 서로 마주보고 서 있게 한 후, 선생님은 '제자리, 준비'라고 신호를 주고 어린이들 머리 위로 탁구공을 던진다. 어린이들은 선생님의 신호에 따라 한 바퀴를 돌고 탁구공을 잡는다. 먼저 돌아서 잡는 사람이 이기는 활동이다. 활동을 하면서 서로 부딪혀 다치지 않도록 주의하라. 이 활동을 몇 번 한 다음에는 신호를 주며 공을 던지는 척만 하라. 아마도 어린이들이 속을 것이다.

- 왜 신호에 잘못 반응할까요?
- 왜 여러분은 저에게 그렇게 주의를 기울였나요?
- 신호나 메시지를 기다리는 것처럼 여러분은 실제로 어떤 때에 그렇게 주의를 기울이나요?

하나님은 놀라우시고 능력이 많으셔서 우리 삶 속에서 위대한 일들을 하실 수 있으세요. 여러분이 이 게임에 주의를 기울였던 것처럼 하나님은 우리가 하나님께 주의를 기울이기 원하세요. 오늘은 예수님을 맞이할 준비를 하며 기다렸던 사람에 대해 배울 거예요. 또한 우리가 믿음을 지키면서 예수님의 오심을 어떻게 준비할 수 있는지 알아볼 거예요. 하나님은 우리가 다시 오실 예수님을 믿음을 가지고 준비하며 기다리기를 원하세요.

| 성경 이야기 | 준비하고 기다려요

어린이들과 함께 누가복음 3장 3-17절을 읽고, 성경 이야기를 들려주라.

지난주에는 하나님의 말씀에 순종한 마리아를 통해 예수님이 이 세상에 오시게 되었다는 사실을 배웠어요. 그런데 예수님이 오시기 6개월 전에 태어난 사람이 있었어요. 그의 이름은 요한이었고, 그의 어머니는 엘리사벳이라는 사람이었는데 마리아의 친척이었지요. 요한의 어머니 엘리사벳은 원래 아이를 낳지 못하는 사람이었어요. 그런데 특별히 예수님이 오시는 길을 준비할 사람인 요한을 보내기 위해 하나님은 엘리사벳이 아이를 낳게 해주셨어요. 마리아에게 천사가 나타나서 이야기해주었던 것처럼 요한이 태어날 때도 엘리사벳에게 천사가 나타나 요한이 태어날 거라는 사실을 미리 이야기해주었어요.

요한은 자라면서 부모님을 통해 그리고 광야에서 고요히 거하면서 자기가 왜 태어나게 되었는지 알게 되었어요. 그러나 그는 기다렸어요. 아무도 없는 광야 가운데서 자신이 일을 시작해야 될 때를 기다렸어요. 그렇게 시간이 지나는 동안 요한은 많은 준비를 했을 거예요. 일을 시작하게 되면 백성들에게 어떤 말을 해주어야 할지 준비했을 거예요.

그리고 드디어 때가 되어 일을 시작했는데, 그 일은 사람들에게 회개의 메시지를 선포하고 물로 세례를 주는 것이었어요. 그의 세례에는 특별한 능력이 있었어요. 아주 악한 사람들도 그에게 와서 하나님의 말씀을 듣고, 세례를 받으며 말씀대로 순종하고 살았어요. 그런데 어느 날 사람들이 몰려와 혹시 당신이 우리를 구원해주실 메시아가 아니냐고 물었어요. 요한은 단호하게 말했어요. 나는 메시아가 아니고, 그분이 오시는 길을 준비하기 위한 사람이라고 말이에요. 그리고 계속해서 모든 힘을 다하여 구주이신 예수님이 오실 것이라는 메시지를 전했답니다.

우리는 이 사람을 세례 요한이라고 불러요. 세례 요한은 짧지만 예수님을 위해 온전한 삶을 살았어요. 우리도 세례 요한처럼 예수님의 다시 오심을 준비해야 해요. 이제는 어떤 특정한 한 사람이 예수님의 다시 오심을 준비하는 것이 아니라 모든 하나님의 자녀들이 예수님의 다시 오심을 준비하고, 온 세상 사람들에게 알려야 해요. 우리는 늘 예수님이 다시 오실 그날을 준비하며, 온 세상에 알리며 살아야 한다는 사실을 잊어서는 안 돼요.

성경 이야기를 마치고 나면 질문하라.

- 세례 요한의 삶의 목적은 무엇이었나요?
- 세례 요한은 본격적으로 일을 하기 전에 광야에 머물면서 무엇을 했을까요?
- 세례 요한과 하나님의 자녀인 우리가 비슷한 점은 무엇인가요?
- 우리는 어떻게 예수님의 다시 오심을 준비할 수 있을까요?

우리가 예수님의 다시 오심을 준비할 수 있다는 것을 기억하는 것은 정말 중요해요. 세례 요한처럼 우리도 많은 사람들에게 예수님의 다시 오심을 알려야 해요. 사람들이 이해할 수 있는 방법으로 예수님에 대해 말하는 것도 예수님의 오심에 대해 준비하는 거예요. 세례 요한은 그렇게 했고 우리도 그렇게 할 수 있어요. 또한 하나님의 도움으로 우리는 예수님을 위해 준비되고 또 다른 사람들이 예수님을 위해 준비되는 것을 돕기 위해 우리의 마음과 삶을 변화시킬 수 있어요.

| 마무리 | 믿음으로 준비해요

어린이 교재를 펴게 하라.

세례 요한은 예수님이 오실 것을 확신하고 믿음으로 준비했어요. 우리도 예수님이 다시 오실 것을 믿음으로 준비해야 해요. 준비 없이는 예수님을 제대로 맞을 수 없어요. 그러면 구체적으로 어떻게 예수님의 다시 오심을 준비할 수 있을까요? 우리도 세례 요한처럼 예수님의 다시 오심을 온 세상에 전해야 해요. 여러분 교재에 예수님의 다시 오심을 온 세상에 어떻게 전할 수 있을지 오늘 우리가 배운 본문을 기억하며 신문 광고를 만들어보기로 해요. 어떻게 하면 예수님을 잘 전해서 많은 사람들이 믿음을 가지고 예수님을 준비할 수 있을지 고민하고 예수님의 다시 오심에 대한 신문 광고를 만들어보기로 해요.

어린이들이 다 만들고 나면, 다른 친구들 앞에서 설명하게 하고 발표하게 하라.

우리는 잊어서는 안 돼요. 예수님의 다시 오심을 준비해야 한다는 것을 말이에요. 믿음으로 예수님의 다시 오심을 준비하여 기쁨으로 예수님을 맞이하는 여러분들이 되기를 바래요.

어린이들이 다시 오실 예수님에 대한 믿음을 가질 수 있도록 기도해주고 마치라.

예수마당 성경공부 23

요한의 메시지

누가복음 3:2-4

얘들아! 기쁜 소식을 전하자!

✐신문 한 면에 들어갈 광고를 디자인하고 꾸며보세요. 그리고 친구들에게 다시 오실 예수님의 약속을 믿고 기다리는 것이 얼마나 중요한지 말해주세요.

예수님 보고 싶어요!

멍 멍…

24 예수님의 탄생을 축하해요

| **성경 본문** | 누가복음 2:15-20

| **중심 성경 구절** | "이를 인하여 그는 새 언약의 중보니 이는… 부르심을 입은 자로 하여금 영원한 기업의 약속을 얻게 하려 하심이니라"(히 9:15).

| **포인트** | 예수님의 탄생을 축하하고 기뻐하라.

| **포인트 익히기** | 어린이들이 ◐ 탄생의 기쁨에 대해 이해하고 ◐ 예수님을 축하하는 방법들에 대해 생각해보며 ◐ 예수님의 탄생을 모르는 사람들에게 알리고 함께 축하하게 한다.

구분	활동 내용	준비물
배움터	**내가 태어난 날** 자신이 태어난 날에 대한 기쁨에 대해 이야기한다.	
성경 이야기	**한 해 동안의 축하** 누가복음 2장 15-20절을 읽고, 일 년 내내 예수님의 탄생을 축하하는 방법들을 생각해본다.	성경, 어린이 교재, 펜
마무리	**기쁨 나누기** 예수님의 탄생을 다른 사람들에게 알리고 축하한다.	예쁘게 포장한 막대 사탕

| 성경 배경 |

누가복음에는 마리아와 요셉이 나사렛에서 베들레헴까지 100킬로미터가 넘는 먼 여행을 떠나야 했던 이유가 자세하게 나와 있다. 그 이유는 가이사 아구스도 황제가 인구 조사 칙령을 내렸으며, 마리아와 요셉의 고향은 베들레헴이었기 때문이다. 이집트의 역사 기록에 따르면 이 인구 조사는 로마에서는 실제로 기원전 7-8년경에 이루어졌으며, 유대 지방에서는 다소 늦게 이루어졌다.

오늘 성경에는 간단하지만 실로 놀라운 이야기가 전개된다. 처녀가 아이를 낳았고 이 사실은 온 세상에 놀라운 소식이 되었다. 하나님이 인간의 몸을 입으셨기 때문이다. 모든 것을 불사르고 파괴하는 가공할 만한 심판을 내리시는 바로 그 하나님이 아주 작고 연약한 모습으로 구유에 누이셨다. 하나님이 우리와 함께 계신다는 것은 마리아와 요셉 그리고 양을 치던 목자들에게 세상이 뒤집힐 정도의 놀라운 사건이다.

5 · 6학년 어린이들은 연약하다는 것이 얼마나 고통스러운 일인지 잘 안다. 마치 세상이 뒤집히는 그런 심정이 된다. 친구들로부터 따돌림을 당할 때, 함부로 말을 했다가 몹시 낭패를 당했을 때, 운동중에 많은 사람들이 주목하며 잔뜩 기대하는 순간에 실수를 했을 때, 5 · 6학년 어린이들은 정서적으로 엄청난 상처를 입게 된다. 그러나 이 모든 어려움을 혼자서 감내할 필요가 없다. 하나님이 우리와 함께 계시기 때문이다. 하나님이신 예수님은 아기로 이땅에 오셨다. 이 사실을 믿는 어린이들은 혼자가 아니라는 것을 알 수 있다. 이는 정말 축하하고 기뻐할 일이다. 생일, 경축일, 방학 등은 어린이들이 축하하고 싶어하는 날이다. 예수님의 탄생이 모든 이들이 축하해야 할 가장 큰 이유가 된다는 것을 어린이들이 깨닫게 해주라. 예수님으로 인해 그리고 그분에 대한 믿음으로 인해, 우리는 하나님의 영원하신 사랑의 축복을 누릴 수 있다는 사실을 가르쳐주라.

| 배움터 | 내가 태어난 날

어린이들이 자신이 태어난 날에 대한 이야기를 나누게 하라.

- 친구들은 언제 태어났지요?

어린이들이 돌아가면서 자신이 태어난 날을 말하게 하라.

여러분이 이 세상에 태어나서 많은 사람들이 기뻐했을 거예요. 이제 자신이 태어나 주변에서 얼마나 기뻐했었는지 부모님이나 어른들에게 들은 이야기들을 서로 나누어보겠어요.

- 여러분의 어머니는 몇 시간 동안 아파하면서 여러분을 낳았나요?
- 여러분이 태어나서 기뻐한 사람은 누구였나요? 그분들은 얼마만큼 기뻐했을까요?

여러분을 이 세상에 태어나게 하려고 여러분의 어머니는 아주 심한 고통을 겪었을 거예요. 그러나 이 세상에 여러분이 태어났을 때 고통보다도 기쁨과 감사가 넘쳤을 거예요. 여러분의 아버지도 여러분이 태어나기를 기다리는 것이 힘들고 초조했지만 여러분이 태어났을 때 기쁨이 넘쳤을 거예요. 여러분이 이땅에 태어났을 때 온 가족이 기뻐했던 것처럼, 예수님이 탄생하셨다는 소식은 온 세상이 기뻐하고 감사할 일이에요. 예수님이 이땅에 태어나실 때 어떤 일이 일어났을까요? 우리는 어떻게 예수님의 탄생을 축하하고 기뻐할 수 있을까요?

| 성경 이야기 | 한 해 동안의 축하

어린이들과 함께 누가복음 2장 15-20절을 읽고, 성경 이야기를 들려주라.

예수님의 탄생 소식을 가장 먼저 접한 사람은 양을 치던 목자들이었어요. 그렇게도 기다리던 구주 예수님이 오신다는 소식을 듣고 난 목자들을 그냥 그 자리에 가만 있을 수 없었어요. 그토록 오랫동안 기다리던 메시아가 태어나셨다는 소식을 듣고 곧장 아기 예수님이 태어나셨다는 베들레헴이라는 동네까지 단숨에 달려왔어요. 구유에 누이신 아기 예수님을 본 목자들은 너무 기뻐서 마리아와 요셉에게 천사들이 자기들에게 예수님이 태어나신 것을 알려주었다는 것을 자세히 이야기해주고, 하나님을 찬양하며 영광을 돌렸어요.

이 소식은 마리아와 요셉, 목자들뿐만 아니라, 온 세상이 기뻐해야 할 소식이랍니다. 하루만 기뻐하고 말 것이 아니라 일 년 내내 기뻐해야 할 놀라운 소식이에요.

성경 이야기를 마치고 나면 질문하라.

- 왜 사람들은 예수님의 탄생이 축하할 일이라고 생각하나요?
- 친구들은 어떻게 예수님의 탄생을 축하하고 싶은가요?

어린이들의 결심과 반응을 격려해주고, 어린이 교재를 펴게 하라.

예수님의 탄생은 우리 모두가 축하하고 기뻐할 만한 일이에요. 이처럼 놀라운 일은 이전에도 없었고 앞으로도 없을 거예요. 전능하신 하나님이 우리를 위해 우리처럼 연약한 인간이 되셨어요. 하나님의 사랑과 은혜를 보여주는 가장 분명한 증거이기 때문에 축하할 이유가 되는 거예요.

전체를 세 모둠으로 만들라. 각 모둠에 어린이 교재 '또 다른 삶'에 나오는 내용 중에서 하나를 주고, 5분 동안 각 상황문의 지시를 따라 토론하고, 각 모둠마다 결론을 발표하게 하라.

또 다른 삶

상황 1

지금 여러분은 아무런 조미료가 없는 세상에 살고 있어요. 소금도 없고 감자 튀김을 찍어 먹을 케첩도 없어요. 사람들은 매일 아무 맛도 없는 음식을 먹고 살아요.

- 음식에 아무런 조미료도 넣지 않는 것과 같은 삶을 산다면 어떨까요?

그런데 어느 날 여러분의 나라에 누가 조미료를 갖고 왔어요.

- 조미료가 생긴 후로 여러분의 생활은 어떻게 달라질까요?

골로새서 4장 3-6절을 읽고 아래 질문에 답하세요.

- 조미료를 넣은 음식과 예수님이 오신 후에 우리가 누리는 삶은 어떤 점에서 비슷한가요?

상황 2

여러분은 전구가 없는 세상에서 살고 있어요. 건물에는 창문이 하나도 없어요. 사람들이 실내에 들어오면 아무것도 보이지 않기 때문에 그저 느낌으로 모든 것을 더듬어야 해요.

- 실내에 아무런 빛도 없는 삶을 사는 것은 어떨까요?

그러던 어느 날, 누군가가 전등을 가지고 왔어요. 사람들은 모두들 감명을 받았어요.

- 전등이 생기고 난 뒤로 여러분의 생활은 어떻게 달라질까요?

이사야 9장 1-3절, 6절을 읽고 아래 질문에 답하세요.

- 전등을 가지게 된 것과 예수님이 태어나신 이후의 삶은 어떤 점에서 비슷한가요?

상황 3

여러분은 아무런 소리도 없는 나라에서 살고 있어요. 듣지 못하는 것이 아니라 아무도 소리를 낼 수 없는 나라에 있는 거예요. 모든 것은 수신호와 접촉으로 이루어지거든요.

- 아무런 소리도 없는 나라에서 산다면 기분이 어떨까요?

그러던 어느 날 여러분의 나라에 아름다운 소리가 나는 악기가 들어왔어요.

- 소리라는 것을 알게 된 사람들의 삶은 어떤 변화가 일어날까요?

누가복음 2장 13-15절을 읽고 아래 질문에 답하세요.

- 소리가 있는 세상은 예수님이 태어나신 후의 삶과 어떤 점에서 비슷한가요?

많은 사람들이 예수님이 태어나셨을 때 이를 축하하고 기뻐하면서 하나님께 감사를 드렸어요. 예수님의 탄생은 온 세상이 축하할 일이에요. 예수님께 "나의 구주되신 예수님! 탄생을 축하해요"라고 말해보세요. 시작! "나의 구주되신 예수님! 탄생을 축하해요."

어린이들이 돌아가며 축하의 말을 하게 한다.

| 마무리 | 기쁨 나누기

여러분도 크리스마스가 되면 예수님의 탄생을 축하했을 거예요. 하지만 크리스마스의 참된 의미를 모른 채 그저 선물 받는 것만 즐거워했던 사람들도 있었을 거예요. 크리스마스는 하나님이 독생자이신 예수님을 보내신 날이에요. 우리 모두 예수님이 이땅에 태어나신 것을 함께 나누며 축하해요.

막대 사탕을 예쁘게 포장해서 어린이들 수대로 준비하라. 이 사탕을 보여주면서 이야기하라.

이 예쁜 사탕을 주면서 예수님의 탄생을 전하며 축하해요. 예수님을 모르는 부모님이나 친구에게 이 사탕을 전해주면서 "메리 크리스마스, 예수님의 탄생을 축하해요"라고 인사해보세요. 예수님의 탄생은 온 세상이 축하하고 기뻐할 일이에요.

어린이들 한 명, 한 명에게 사탕을 나누어주면서 "메리 크리스마스, 예수님의 탄생을 축하해요"라고 말하라. 마친 후 사탕을 전해주기로 약속하고 감사 기도로 마치라.

예수마당 성경공부 24

예수님의 탄생을 축하해요

누가복음 2:15-20

아래의 내용에 답하세요.

지금 여러분은 아무런 조미료가 없는 세상에 살고 있어요. 소금도 없고 감자 튀김을 찍어 먹을 케첩도 없어요. 사람들은 매일 아무 맛도 없는 음식을 먹고 살아요.

✲음식에 아무런 조미료도 넣지 않은 것과 같은 삶을 산다면 어떨까요?

그런데 어느 날 여러분의 나라에 누가 조미료를 갖고 왔어요.

✲조미료가 생긴 후로 여러분의 생활은 어떻게 달라질까요?

골로새서 4장 3-6절을 읽고 아래 질문에 답하세요.

✲조미료를 넣은 음식과 예수님이 오신 후에 우리가 누리는 삶은 어떤 점에서 비슷한가요?

여러분은 전구가 없는 세상에서 살고 있어요. 건물에는 창문이 하나도 없어요. 사람들이 실내에 들어오면 아무것도 보이지않기 때문에 그저 느낌으로 모든 것을 더듬어야 해요.

✲실내에 아무런 빛도 없는 삶을 사는 것은 어떨까요?

그러던 어느 날, 누군가가 전등을 가지고 왔어요. 사람들은 모두들 감명을 받았어요.

✲전등이 생기고 난 뒤로 여러분의 생활은 어떻게 달라질까요?

이사야 9장 1-3절, 6절을 읽고 아래 질문에 답하세요.

✲전등을 가지게 된 것과 예수님이 태어나신 이후의 삶은 어떤 점에서 비슷한가요?

여러분은 아무런 소리도 없는 나라에서 살고 있어요. 듣지 못하는 것이 아니라 아무도 소리를 낼 수 없는 나라에 있는 거예요. 모든 것은 수신호와 접촉으로 이루어지거든요.

✲아무런 소리도 없는 나라에서 산다면 어떨까요?

그러던 어느 날 여러분의 나라에 소리가 나는 악기가 들어왔어요.

✲소리라는 것을 알게 된 사람들의 삶은 어떤 변화가 일어날까요?

누가복음 2장 13-15절을 읽고 아래 질문에 답하세요.

✲소리가 있는 세상은 예수님이 태어나신 후의 삶과 어떤 점에서 비슷한가요?

25 예수님, 우리의 모범

| 성경 본문 | 마태복음 20:20-28

| 중심 성경 구절 | "이를 인하여 그는 새 언약의 중보니 이는… 부르심을 입은 자로 하여금 영원한 기업의 약속을 얻게 하려 하심이니라"(히 9:15).

| 포인트 | 다른 사람들을 섬김으로 예수님을 닮아가라.

| 포인트 익히기 | 어린이들이 ◎ 닮는다는 것이 어떤 것인지 알아보고 ◎ 예수님이 우리에게 어떻게 모범을 보여주셨는지 배우며 ◎ 주위 사람들을 섬김으로 예수님을 닮아가는 삶을 살 것을 결단하게 한다.

구분	활동 내용	준비물
배움터	**최고의 모델** 각 분야에서 자신이 닮고 싶은 사람들에 대해 나누어본다.	어린이 교재, 펜
성경 이야기	**예수님의 모범 – 섬김** 마태복음 20장 20-28절 통해 예수님이 우리에게 어떤 모범을 보여주셨는지 알아본다.	성경
마무리	**예수님처럼** 섬김의 모범을 따라 섬길 대상과 내용을 적은 후에 섬김을 실천하기로 결단한다.	어린이 교재, 펜

성경 배경

5·6학년 어린이들에게는 대부분 닮고 싶어하는 우상이 있다. 연예인이든, 학자이든, 정치인이든, 종교인이든, 그들은 누군가를 닮고 싶어한다. 이는 지극히 정상적인 발달 과정이다. 그러나 어른들은 어린이들이 자기 방 벽에 가수 사진을 붙여놓는 것을 이해하지 못한다. 어른들이 할 일은 벽에서 그 사진을 떼어버리는 것이 아니라, 그 사진이 진정으로 닮고 싶어하는 사진으로 바뀌도록 도와주는 것이다.

닮는다는 것은 외적인 요소만 비슷해지는 것을 말하지 않는다. 그 사람의 성품이나 삶의 모든 모습까지 닮아가는 것이 진정으로 닮는 것이다. 어떤 유명인이 너무 멋있어서 성형수술을 해서라도 닮고 싶다고 말하는 어린이들은, 그 유명인이 올바르지 못한 행동을 했을 때 그것까지 닮고 싶어하지는 않을 것이다. 그렇다면 진정으로 닮을 만한 모델이라고 말할 수 없다.

그리스도인으로서 우리가 진정으로 닮아야 하는 분이 한 분 있다. 그분은 바로 예수님이시다. 그분의 외모를 닮아야 한다는 말이 아니라 그분 삶의 모든 부분을 닮아야 한다는 말이다. 특히 이 과에서는 섬김의 모습을 보여주고 계시는 예수님의 모습을 살펴볼 것이다. 예수님은 자신이 이땅에 오신 목적이 바로 섬김이라고 말할 정도로 섬김을 소중히 여기셨다. 제자들에게도 몸소 발을 씻기시는 섬김의 모습을 보여주시며 이같이 하라고 말씀하셨을 정도다. 우리는 예수님의 섬김의 모습을 본받아야 한다. 예수님의 섬김의 이유를 본받아야 한다. 그분의 섬김의 마음을 본받아야 한다. 예수님은 우리 인간들을 진정으로 섬겨주셨다. 예수님은 우리가 그렇게 다른 사람들을 섬기는 자녀들이 되기를 원하신다.

5·6학년 어린이들에게도 마찬가지로 섬기는 자녀들이 되기 원하신다. 다른 사람들을 섬기기를 무척이나 싫어하는 요즘 어린이들에게 예수님의 모범을 따라 섬기는 사람이야말로 하나님 나라에서는 진정으로 높아지는 사람이 된다는 사실을 이 과를 통해서 가르쳐주라.

| 배움터 | 최고의 모델

어린이 교재에 나와 있는 각 분야에서 닮고 싶어하는 사람의 이름을 적어보게 한다.

모델(model)이라는 말은 '모범, 본보기' 라는 뜻이에요. 여러분 교재에 각 분야에서 여러분이 닮고 싶은 모델의 이름을 한번 적어보세요. 어떤 사람이라도 괜찮아요.

닮고 싶어요

얼굴		춤	
노래		업적	
패션		성격	
학력		신앙	

어린이들이 다 적으면 왜 그 사람을 모델로 삼았는지 나누어보게 하라.

많은 사람들은 자신이 좋아하거나 존경하는 사람을 그대로 본받으려고 무척 노력해요. 금방 우리 친구들이 닮고 싶은 사람들은 대부분 외모나, 눈에 보이는 업적이 훌륭한 사람들이에요. 아마도 그래서 여러분도 그 사람을 닮고 싶다고 썼을 거예요. 그러나 진짜로 닮는다는 것은 외모뿐 아니라 그 사람의 마음까지 닮는 거예요. 그렇다면 우리가 진정 닮아야 할 사람은 누구일까요? 누구의 어떤 모습을 본받으며 따라하는 것이 하나님을 기쁘시게 하는 삶일까요? 예수님의 자녀인 우리는 예수님을 닮기 위해 노력해야 해요. 오늘 우리는 정말로 예수님을 닮는다는 것이 어떤 것인지 배워볼 거예요.

| 성경 이야기 | 예수님의 모범 – 섬김

어린이들과 함께 마태복음 20장 20-28절을 읽고, 성경 이야기를 들려주라.

우리는 예수님의 모든 모습을 닮아야 해요. 어느 한 가지도 빠짐없이 예수님의 모습을 닮아가기 위해 노력해야 해요. 그 중에서도 우리가 예수님을 닮아가기 위해 더욱 노력해야 할 모습이 있어요. 오늘 우리가 함께 읽은 말씀은 그것이 무엇인지 말씀해주고 있어요.

모든 사람은 높아지기를 좋아해요. 우리 친구들도 높은 자리에 올라가기를 바라겠지요? 높은 자리에 올라가면 많은 것을 얻을 수 있기 때문에 사람들은 그렇게도 애를 써가며 높은 자리에 올라가고 싶어하는 것 같아요. 예수님을 따라다니던 열두 제자들도 예외는 아니었어요. 특히 세베대의 두 아들이었던 야고보와 요한은 높은 자리가 탐나서 그의 어머니까지 동원해, 만약 예수님이 왕이 되시면 그들에게 높은 자리 하나씩 주시기를 부탁했어요. 그러나 예수님은 그들을 꾸짖으시며 제자들이 닮아야 할 진짜 예수님의 모습을 말씀해주셨어요.

그것은 바로 섬김이라는 부분이었어요. 더 올라가도 시원치 않을 것 같은데, 예수님은 도리어 더 낮아져 섬기라고 말씀하셨어요. 예수님은 자신이 이땅에 오신 이유도 바로 섬기기 위해서라고 말씀하시면서 "너희도 나를 따라 섬기는 삶을 살라"고 말씀하세요. 실제로 예수님은 우리를 섬기시러 이땅에 오셨어요. 자신의 목숨을 내어놓기까지 우리를 구원하시기 위해 섬기셨어요. 예수님은 우리에게 예수님처럼 낮아져 섬기는 모습을 배우라고 하세요.

예수님처럼 낮아져 섬기는 사람들에게는 놀라운 일이 일어나요. 자신이 낮아져 섬겼다고 결코 낮은 사람이 되지 않는다는 거예요. 우리가 낮추면 하나님은 우리를 높여주세요.

성경 이야기를 마치고 나면 질문하라.

- 예수님은 왜 이땅에 오셨나요?
- 예수님은 어떻게 섬김의 모습을 보여주셨나요?
- 예수님이 나를 위해 섬겨주신 것에는 무엇이 있나요?

예수님은 우리에게 섬기는 종이 되라고 말씀하셨어요. 예수님이 우리를 섬기러 오신 것처럼, 우리도 예수님을 닮아서 섬기는 종이 되라고 하셨어요. 예수님처럼 종이 되어 섬기는 모습이 우리가 진정으로 닮아야 하는 모습이에요. 예수님은 온 우주의 왕이시지만 연약하고 죄 많은 우리를 구원하시기 위해서 우리를 섬기셨어요. 우리가 예수님을 주님으로 모신다면 우리 주위 사람들을 섬기는 것이 마땅해요. 우리도 다른 사람을 섬김으로 예수님을 닮아가세요. 그리고 말로만 섬기는 것이 아니라 행동으로 섬기세요. 작은 섬김으로 예수님을 닮은 모습을 조금이나마 보여주는 여러분이 되기를 바랄게요.

| 마무리 | 예수님처럼

어린이 교재의 '이렇게 섬기겠어요' 란에 일주일 동안 섬길 대상과 내용을 어린이들에게 적게 한다. 적은 후 발표하게 하고, 이 약속을 지킬 것을 다짐하며 사인하게 한다.

이렇게 섬기겠어요.

대상	섬김의 내용
1	
2	
3	

예수님을 닮고 싶은 제자 OOO (사인)

예수님은 하나님 나라에서는 섬기는 사람이 높아진다고 하셨어요. 여러분이 이 세상 사람들에게 인정받아 높아지는 것보다 낮아짐으로 예수님께 인정받는 친구들이 되었으면 좋겠어요. 이번 한 주간 동안 섬김으로 예수님이 높여주시는 우리 친구들이 되기를 바래요.

어린이들이 잘 지킬 수 있도록 격려하고 함께 다짐의 기도를 한 후, 교사가 마무리 기도로 마치라.

예수마당 성경공부

25 예수님, 우리의 모범

마태복음 20:20-28

각 분야에서 닮고 싶은 사람의 이름을 적어보세요.

노래 ____________

얼굴 ____________

학력 ____________

패션 ____________

업적 ____________

춤 ____________

신앙 ____________

성격 ____________

* 이렇게 섬기겠어요.

대상	섬김의 내용
1.	
2.	
3.	

예수님을 닮고 싶은 제자__________ (사인)__________